Sociologia da Religião

JOAQUIM COSTA

Sociologia da Religião

Uma breve introdução

EDITORA SANTUÁRIO
Aparecida-SP

Diretor Editorial:
Marcelo C. Araújo

Editores:
Avelino Grassi
Márcio F. dos Anjos

Coordenação Editorial:
Ana Lúcia de Castro Leite

Copidesque:
Leila C. Dinis Fernandes

Revisão:
Eliana Maria Barreto Ferreira

Diagramação e Capa:
Simone Godoy

Introdução

Françoise Champion e Danièle Hervieu-Léger apresentam o seu famoso *De l'Émotion en Religion* contando o que dizia, no fim dos anos 80, Michel Serres: quando, na década de 70, ele queria fazer os alunos rir, falava-lhes de religião; quando os queria interessados, falava-lhes de política. Na virada para os anos 90, acontecia o oposto: fazia-os rir quando lhes falava de política e punha-os atentos quando lhes falava de religião.

Nos anos 2000 o interesse permanece. Talvez se lhe acrescente a preocupação. A vaga integrista/fundamentalista encarrega-se de pôr o assunto de modo muito sério na ordem do dia, para todos, incluindo aqueles que não têm interesse intelectual ou espiritual nas coisas da religião.

Mas não é só isso que nos chama a atenção. Apercebemo-nos de que o brado triunfalista do fim da religião se esgotou. Por exemplo, a bravata da I República portuguesa (na sequência de outros regimes políticos europeus) de que acabaria com o sentimento religioso em duas gerações ou pouco mais ruiu. O otimismo laicista da III República portuguesa, nos anos 70, a par de outros laicismos coevos (incluindo árabes), também faliu. Já antes, o século XVIII europeu lavrara nas mesmas intenções – Revolução Francesa, Marquês de Pombal (Portugal), expropriação de bens eclesiásticos etc.

Mais perto de nós, os ateísmos de Estado do socialismo real desabaram ao fim de décadas e, com eles, o ateísmo do "homem novo". Vemo-lo no ressurgimento pujante da ortodoxia e do catolicismo (e não só nos fundamentalismos islâmicos da Ásia e do Norte de África). As missões católicas e evangélicas na "reserva" ortodoxa avançam, parece que à procura de um vácuo qualquer.

A vaga "New Age", de tons mais ou menos ocidentais, suscita a mesma interrogação. Ao lado, a astrologia, a feitiçaria, os cultos *afro* etc. traduzem uma mesma interrogação de base. O império "psi" também. Na miscelânea, os sucedâneos nem sempre se refletem nas estatísticas dos recenseamentos oficiais.

Ocorre-nos, claro, a fórmula do "regresso do religioso", que inclui até a negação da secularização e a tese da constância das necessidades religiosas, traduzida na constância da procura religiosa, pois a religião desempenharia funções psicológicas, a preencher nem que seja por sucedâneos – tese, por exemplo, de Stark e Bainbridge[1] (1980). A noção de religiões seculares ou profanas vai ao encontro disso.[2]

Max Weber chega a andar por aqui, ao falar da aversão dos proletários modernos à religião e da sua propensão à religiosidade mágica e aos substitutos políticos ou sindicais.[3]

---

[1] Stark, Rodney, Bainbridge, William S, "Towards a Theory of Religion: Religious Commitment", in *Journal for the Scientific Study of Religion*, n. 19 (2), june, 1980, p. 114-128.

[2] Costa, Joaquim, *Sociologia dos Novos Movimentos Eclesiais – focolares, carismáticos e neocatecumenais em Braga*. Porto, Afrontamento, 2006, p. 36.

[3] Weber, Max, *Economia y Sociedad*. México, Fondo de Cultura Económica, 1983, 2ª Parte, cap. V, § 7.

É claro que surgem, a esse propósito, dois problemas. O primeiro é o do *regresso do religioso*. Ele existe mesmo? Afinal, em muitas estatísticas (europeias), as taxas de prática têm baixado.

Em 1971, Charles Y. Glock perguntava, num artigo famoso, se havia um reacendimento da religião nos Estados Unidos da América.

Marcel Gauchet, numa entrevista de 1985, dizia que regressos houve muitos: após 1945, por volta de 1900, no período revolucionário de 1848 na França, na Revolução Francesa. Hoje, há o islã, o catolicismo, a vaga evangélica e pentecostal. E cita uma frase interessante: "Tem-se falado muito nos últimos anos de 'regresso religioso'", de Ernest Renan, escrita em 1848, em *L'Avenir de la Science.*[4]

Por isso se diz que a religião, desde que vá, volta sempre. O que é uma versão da tese da constância da religião, de Stark e Bainbridge. E qualquer leitura de História das Religiões, ou de História da Igreja, mostra-nos ainda que profetas, dissidências, heresias, choques religiosos, perseguições e novas religiões são de todas as épocas. Devemos, portanto, ser prudentes no uso do conceito de "regresso do religioso". Podemos salvaguardar-nos dizendo: se existe hoje, é a primeira vez que existe hoje, com todas as condições sociais de hoje.

---

[4] GAUCHET, Marcel, "La Religion de la Sortie de la Religion", *in Autrement*, n. 75, décembre, 1985, p. 12-17. COSTA, Joaquim. *Sociologia dos Novos Movimentos Eclesiais – focolares, carismáticos e neocatecumenais em Braga.* Porto, Afrontamento, 2006, p. 37.

O segundo problema é o do conceito de religião. Até que ponto a astrologia e o "comunismo" são religiões? Não se estará a confundir tudo, ganhando apenas em polêmica? Convém saber do que falamos. Mas não é obrigatório adotarmos uma definição formal. Afinal, Max Weber, na sua extensa sociologia da religião, não faz uma única definição de religião. O mais perto que chega, e que eu saiba, é na invocação dos "meios que 'significam' algo" e por que se acede aos seres "suprassensíveis" – meios que são o mais importante, segundo ele, potencialmente cismáticos, acima da doutrina. Fala, ainda, de "espírito", de "alma", sempre entre aspas.[5]

Em cada uma das suas incursões compreensivas, ele procede à respectiva contextualização sócio-histórica. Fala, então, em "cristianismo medieval", "calvinismo norte-americano do século XIX" etc. Isto é, mesmo sem definição formal, sabemos sempre do que fala.

Podemos, em alternativa, fazer como Émile Durkheim e adotar definições em cadeia, que incluem discussões de conceitos: religião, decomposição em crenças e ritos, sagrado e profano, igreja, culto.

Quando se fala em definições sociológicas de religião, tem-se em mente uma distinção entre definições funcionais e definições substantivas.

Segundo Wallis e Bruce, as definições funcionais "(...) identificam a religião em termos do que ela faz. Por exemplo, religião pode ser o que proporciona soluções aos 'problemas

[5] WEBER, Max, *Economia y Sociedad*. México, Fondo de Cultura Económica, 1983, p. 331-332.

últimos' ou respostas às questões fundamentais da condição existencial humana".[6] Aqui, a religião é vista na sua funcionalidade pelos efeitos que produz. Dá um significado ao mundo, um sentido à vida, um freio à ansiedade.

Nos tons mais funcionalistas, promove a integração, a coesão social, o controle moral, a efetividade dos valores. É assim, sustentam os autores e outros, que se mete tudo no mesmo saco: catolicismo, comunismo russo, drogas, arte etc. Tudo equivalentes funcionais, na linguagem mertoniana.[7] Alguns deles podem erguer-se contra a "religião".

Inclusive, algum ateísmo pode ser uma "religião". Comte-Sponville, ateu confesso, poderá ser "religioso": a salvação é esta vida, não outra; esta vida na sua verdade, eterna (ou perpétua: existe sempre enquanto existimos), perfeita (exatamente aquilo que é), necessária (não pode ser de outra forma; tem um começo e um fim). Esta salvação na finitude traz sentido e uma certa felicidade.[8] Wallis e Bruce[9] alertam-nos ainda: como os homens terão sempre "problemas últimos" e questões fundamentais existenciais,

---

[6] Wallis, Roy, Bruce, Steve, 1992, "Secularization: the Orthodox Model", Bruce, S. (ed.), in *Religion and Modernization: Sociologists and Historians Debate the Secularization Thesis*, Oxford, Clarendon Press, 1992, p. 8-30, 9.

[7] Costa, Joaquim, *Sociologia dos Novos Movimentos Eclesiais – focolares, carismáticos e neocatecumenais em Braga*. Porto, Afrontamento, 2006, p. 46.

[8] Comte-Sponville, André, Ferry, Luc, *A Sabedoria dos Modernos: Dez Questões para o Nosso Tempo*. Lisboa, Instituto Piaget, 2000, p. 185-186. Costa, Joaquim. *Sociologia dos Novos Movimentos Eclesiais – focolares, carismáticos e neocatecumenais em Braga*. Porto, Afrontamento, 2006, p. 46.

[9] Wallis, Roy, Bruce, Steve, "Secularization: the Orthodox Model", Bruce, S. (ed.), in *Religion and Modernization: Sociologists and Historians Debate the Secularization Thesis*, Oxford, Clarendon Press, 1992, p. 8-30, 10.

então teríamos sempre religião, talvez na mesma quantidade sempre; todas as épocas seriam religiosas e não faria muito sentido falar de secularização. Nunca existiria crise de religião, mas, às vezes, de igrejas.

Claro: às versões mais fundamentalistas é preciso lembrar que as religiões promovem a integração tal como promovem a desintegração e, por vezes, a desintegração mais violenta.

Pelos mesmos autores, as definições substantivas "identificam a religião em termos do que ela é. Por exemplo, religião pode ser o reduto de crenças e ações baseadas na assunção da existência de seres ou poderes sobrenaturais".[10] Os próprios autores questionam esta concepção: está próxima do ocidental médio, mas, talvez, distante de outros atores e crenças que são tidos, mesmo pelos ocidentais, como religiosos. O budismo tibetano ou o culto chinês dos antepassados são exemplos da dúvida. São religiões? E a magia?

Stark e Bainbridge, Wallis e Bruce, Brian Wilson, entre outros, aceitam que a sociologia parta do senso comum do homem ocidental e preferem as concepções substantivas. Todavia, a menção a "seres" ou "poderes" sobrenaturais (acima dos naturais) também levanta problemas. O recurso a um feiticeiro para, com os seus "poderes", fazer mal a alguém é um ato religioso? Ou é apenas um ato mágico?

---

[10] Wallis, Roy, Bruce, Steve, "Secularization: the Orthodox Model", Bruce, S. (ed.), in *Religion and Modernization: Sociologists and Historians Debate the Secularization Thesis*, Oxford, Clarendon Press, 1992, p. 8-30, 9.

Essa dúvida não existe perante um encontro de católicos, protestantes, ortodoxos e muçulmanos para orarem pela paz no mundo. Sabemos que ninguém vai ao feiticeiro para interceder pela paz mundial ou para apurar questões de ética. Mas isso – paz ou ética – não faz a religião.

Luc Ferry e Comte-Sponville propõem-nos um exercício: imaginemos uma sociedade moralmente perfeita, de indivíduos moralmente perfeitos. Nenhum deles está livre de se sentir perdido – a morte, claro, mas também a solidão, a doença, o sofrimento, a banalidade do dia-a-dia são coisas que, incessantemente, nos inquietam e nos oferecem oportunidades de nos sentirmos perdidos se formos apenas morais.[11]

"Que sentido tem chegar o último dia de uma vida empanturrada de moral? E que sentido tem ir vivendo os dias mergulhados na moral? Luc Ferry diz que nunca escolheria partilhar a vida com um autômato moral, um robô perfeito. Por uma profunda razão, que logo adianta: o respeito pelas regras é necessário, mas em si mesmo não tem nada de humano.[12] Podemos fazer mais uma pergunta: aceitaríamos viver numa colônia de térmitas? É difícil imaginar indivíduos mais respeitadores das regras do que os insetos sociais, mas não suportaríamos viver como eles e no meio deles. Não são humanos.

---

[11] COMTE-SPONVILLE, André, FERRY, Luc, *A Sabedoria dos Modernos: Dez Questões para o Nosso Tempo*. Lisboa, Instituto Piaget, 2000, p. 187. COSTA, Joaquim. *Sociologia dos Novos Movimentos Eclesiais – focolares, carismáticos e neocatecumenais em Braga*. Porto, Afrontamento, 2006, p. 41.

[12] FERRY, Luc, *L'Homme-Dieu ou le Sens de la Vie*. Paris, Grasset, 1996, p. 42.

"Comte-Sponville diria que lhes falta – nos faltaria – o amor; aliás, se o tivéssemos sempre não precisaríamos da moral para nada (...). Mas, se precisássemos, os seus préstimos seriam muito limitados."[13]

Poderíamos multiplicar o raciocínio. Que sentido tem o último dia de uma vida feliz? Talvez exista mais sentido no último dia de um desgraçado.[14]

Estamos perante uma dimensão espiritual – que não é suficiente para compor uma religião. Isto leva-nos atrás, ao problema das definições de religião. As concepções substantivas podem ser omissas quanto à espiritualidade como fator fundamental da religiosidade. Religião não é, ou não é apenas, coerção mágica ou moral. É por isso que é razoável misturar concepções funcionais e substantivas. Vemo-lo, aliás, todos os dias: ir a Fátima, a Aparecida ou a Lourdes em proteção de males, em encomendação de almas e, já agora, aproveitar para orar pela paz.

"Um sistema de crenças, ações e instituições relativas a seres e poderes sobrenaturais (para além de ou superiores à natureza), que podem suspender, alterar ou ignorar as forças físicas comuns, com as quais podemos comunicar, que podemos adorar e influenciar, de cuja existência podemos retirar danos ou benefícios, e que conferem respostas ou enquadramentos para a questão do sentido da nossa existência e dos seus fins últimos, sistema esse

---

[13] COSTA, Joaquim, "Sentido da Vida, Desespero e Transcendência", in *Revista Lusófona de Ciência das Religiões*, n. 12, 2007, p. 287-308, 291 e 292.

[14] COSTA, Joaquim, "Sentido da Vida, Desespero e Transcendência", in *Revista Lusófona de Ciência das Religiões*, n. 12, 2007, p. 287-308, 291 e 292, 290.

sistematicamente insuscetível ou protegido de refutação empírica e que preferencialmente dá lugar a comunidades que o partilham e transmitem – atrevo-me a definir religião deste modo."[15]

A penúltima característica – a proteção de refutação empírica – não pode ser negligenciada e subjaz às palavras "fé" e "crença". A religião é à prova de prova, quero dizer, põe-se à margem do regime de teste empírico; é à prova de refutação. Isso fica para a ciência e para as outras atividades profanas. Mais: transmuta em confirmação empírica o que poderia falsificá-la: "Para Weber, quando a crença nos espíritos se racionaliza na crença nos deuses, os males não resultam de falta de poder do deus próprio, mas sim de infrações de ordem ética cometidas pelos seus crentes e, daí, o castigo das culpas".[16] E, para Marcel Gauchet, "quanto mais Israel (...) é esmagado por forças terrenas infinitamente superiores às suas, mais o seu deus tende a aparecer como soberano último do universo inteiro, num plano outro, radicalmente para além da esfera visível e dos seus atores".[17]

Antes de terminar esta pequena introdução, é útil apreciar, por alto, a variedade e a polêmica das designações sociológicas quanto ao seu objeto religioso.

---

[15] Costa, Joaquim, *Sociologia dos Novos Movimentos Eclesiais – focolares, carismáticos e neocatecumenais em Braga.* Porto, Afrontamento, 2006, p. 47.

[16] Costa, Joaquim, *Sociologia dos Novos Movimentos Eclesiais – focolares, carismáticos e neocatecumenais em Braga.* Porto, Afrontamento, 2006, p. 45, nota 35.

[17] Gauchet, Marcel, *Le Désenchantement du Monde; une Histoire Politique de la Religion.* Gallimard, 1997, p. 147.

"Sociologia religiosa", como designação, criou anticorpos por suspeita de confessionalidade ou de atitude fiduciária. A sociologia não é religiosa, disse-se. Havia também o receio de ser tomada como "sociologia cristã" ou, pior, "católica", o que feria o laicismo francês. Gabriel Le Bras, grande nome da disciplina, teve isso em atenção. Mas, lembra Hervieu-Léger, a clássica "sociologia rural" nunca foi suspeita de ser uma sociologia de simples camponeses.[18]

"Sociologia da Religião" poderia partilhar com a suspeita acima essa outra de que não traduziria a enorme variedade de religiões – por vezes, "uma" religião contém em si várias religiões.

Por sua vez, a pluralidade de "sociologia das religiões", tendencialmente aceita, tem o inconveniente do "nominalismo antiessencialista" que descreve religiões concretas, mas sem ser capaz de dizer o que é *a* religião, da mesma maneira que seria pouco ambicioso descrever capitalismos sem conseguir caracterizar *o* capitalismo.

---

[18] Hervieu-Léger, Danièle, *La Religion pour Memoire*. Paris, CERF, 1993, p. 16.

1

Karl Marx, Friedrich Engels e a Religião

Michaël Löwy abre um artigo sobre Marx e Engels como sociólogos da religião constatando o óbvio, isto é, o combate ancestral entre o ateísmo materialista e o idealismo cristão. Os antagonismos históricos entre o comunismo e a religião avivaram a polêmica.

Marx usou a expressão "ópio do povo" pela primeira vez em 1844, na *Crítica da Filosofia do Direito de Hegel.* Simplesmente, a imagem opiácea não foi inédita, pois estão-lhe recenseados vários usos anteriores. Por exemplo, em 1840, Heine escreveu sobre a religião chamando-lhe "ópio espiritual" (da humanidade); em 1843, Moses Hess, também sobre a religião, atesta que ela pode tornar suportável a vida infeliz, "tal como o ópio é uma grande ajuda nas doenças dolorosas". Löwy, recorrendo a um levantamento feito por Gollwitzer, nomeia ainda como precursores Kant, Feuerbach, entre vários.[19]

[19] LÖWY, Michaël, "Karl Marx et Friedrich Engels comme Sociologues de la Religions", in *Archives de Sciences Sociales des Religions*, n. 89 (janvier-mars), 1995, p. 41-52, 41.

A sentença de Marx é a que segue: "A aflição religiosa é, ao mesmo tempo, a expressão da verdadeira aflição e o protesto contra esta verdadeira aflição. A religião é o suspiro da criatura oprimida, o coração de um mundo sem coração, o espírito de uma situação sem espiritualidade. Ela é o ópio do povo". Recordemos que, à época, o ópio era a droga das classes ricas, das elites ociosas, dos artistas com meios ou com mecenas que lhes sustentassem o vício. A religião era muito mais barata.

Acontece que a obsessão clerical católica por Marx não é correspondida. Marx não fez qualquer estudo sistemático sobre religião. Fez-lhe referências sem dúvida hostis, mas esparsas. Se as retirássemos, não perderíamos nada de essencial da sua obra, o que seria muito diverso se lhe retirássemos o materialismo dialético, o materialismo histórico, a teoria (não sistematizada) das classes sociais, a crítica do capitalismo, a teoria da ideologia. Esta última, em sentido amplo, pode incluir a religião, e inclui-a de fato. Mas, mais uma vez, se a excluíssemos (a religião), perderíamos algo, mas manteríamos o essencial.

Friedrich Engels, por sua vez, deu mais atenção à religião como manifestação particular das representações sociais, relacionando-a com as classes. Michaël Löwy atribui-lhe um verdadeiro fascínio pelo cristianismo primitivo e pela figura de Thomas Münzer, o teólogo e pastor protestante (anabatista) do século XVI, agitador formidável, seguidor e depois inimigo de Lutero, panfletista virulento, vanguardista (o primeiro a substituir o latim pelo alemão na liturgia), chefe de um exército em rebelião com dezenas de milhares de camponeses e plebeus que varreu a Alemanha até ser decapitado em 1525, após tortura.

De qualquer modo, e talvez pelo apagamento de Engels na iconografia do marxismo, a religião, enquanto objeto teórico do comunismo clássico, é relativamente secundária. Ou, se preferirmos, o famigerado ateísmo comunista dever-se-á mais a circunstâncias históricas e táticas do que a um profundo enraizamento numa centralidade teórica.

Deve ser por isso que Hannah Arendt escreveu: "O ateísmo é um traço marginal do comunismo (...)".[20] Religião e política têm naturezas tão diversas que só acessória ou contingentemente se intersectam. O comunismo não é uma religião – é a-religioso, e essa é a sua vocação de futuro. Daí não ser, em rigor, um ateísmo, pois o ateísmo coloca-se questões religiosas. "[O comunismo] não procura, jamais, dar respostas precisas às questões religiosas; visa, sim, que os seus adeptos nunca as coloquem, graças à sua preparação ideológica."[21]

"(...) quando a sociedade, pela apropriação e utilização planificada dos meios de produção, se tiver libertado e libertado todos os seus membros da servidão (...); quando o homem não só puser, mas dispuser, só nesse momento desaparecerá a última força estranha que ainda se reflete na religião. Desta forma extinguir-se-á o reflexo religioso, pela boa razão de que já nada haverá para refletir."[22] Aqui, Engels e Arendt coincidem.

---

[20] Arendt, Hannah, "Religion et Politique", in *La Nature du Totalitarisme*. Paris, Payot, 1996, p. 139-168, 143.

[21] Arendt, Hannah, "Religion et Politique", in *La Nature du Totalitarisme*. Paris, Payot, 1996, p. 139-168, 143.

[22] Engels, Friedrich, *Anti-Dühring*. Lisboa, Dinalivro, 1976, p. 431.

Que os regimes comunistas persigam as convicções religiosas, as pessoas religiosas etc., não altera o equacionamento do problema. Perseguem padres, mas também perseguem escritores, filósofos e membros de clubes de xadrez. Perseguem-nos não por serem padres, escritores etc., mas por serem padres, escritores etc. da oposição, real ou putativa; por significarem religião livre, literatura livre etc. Ser trotskista na União Soviética dos anos 1930, ou titista nos anos 1950, não era menos arriscado do que ser padre. "Se os crentes são, no geral, mais frequentemente perseguidos do que os descrentes, é porque os primeiros são mais difíceis de 'convencer'."[23]

Passemos, agora, à perspectiva marxista clássica (Marx/Engels) da religião. Comecemos por Marx, aquele que a mesma Hannah Arendt considerou o fundador da metodologia das ciências sociais, "o primeiro de todos os materialistas a interpretar a religião como qualquer coisa que não a simples superstição ou a espiritualização de experiências humanas tangíveis (...). Para ele, a religião transformava-se numa ideologia entre muitas possíveis".[24]

A gênese da religião e a sua explicação não serão, então, diferentes daquelas das ideias e representações em geral, fazendo parte da teoria marxista da ideologia, a partir de uma concepção materialista da História.

---

[23] ARENDT, Hannah, "Religion et Politique", in *La Nature du Totalitarisme*. Paris, Payot, 1996, p. 139-168, 147.

[24] ARENDT, Hannah, "Religion et Politique", in *La Nature du Totalitarisme*. Paris, Payot, 1996, p. 139-168, 148-149.

Ora, o materialismo histórico de Marx é uma filosofia e não o contrário ou a ausência dela, como pretendem alguns antimarxistas que nunca leram Marx (nisto equivalem-se a alguns marxistas que nunca o leram e a certos cristãos que nunca leram a Bíblia). O materialismo é, portanto, uma expressão do pensamento, do "espírito", se quisermos, e reconhece-se como tal, como obra do "objeto sensível" que é o homem, chegando Marx, não sem alguma ironia, a falar pejorativamente dos "materialistas puros" que negariam essa qualidade ao homem.[25]

O que está em causa nessa concepção materialista (a de Marx) do "mundo das ideias" é a gênese das ideias, inseparáveis dos homens que as produzem, homens esses que só existem enquanto reais, isto é, em certas condições de existência, de tal modo que, mesmo produzindo "ideias falsas", fazem-no em condições que são bem reais.

Nesse sentido, não há "pensamento puro", gerado em condições de assepsia, porque o pensamento existe no homem e o homem existe no mundo, quer dizer, em estados históricos.

Por isso, não há, em rigor, o Homem; há homens históricos, materiais, contrapostos à abstração idealista que os subsume.[26]

---

[25] Marx, Karl, Engels, Friedrich, *A Ideologia Alemã*. Vol. I, Lisboa, Presença/Martins Fontes, 1975, p. 32.

[26] Marx, Karl, Engels, Friedrich, *A Ideologia Alemã*. Vol. I, Lisboa, Presença/Martins Fontes, 1975, p. 30.

Se as ideias tivessem existência própria ou se o Homem abstrato existisse, então qualquer ideia poderia existir em qualquer circunstância ou qualquer homem poderia pensar qualquer ideia. Bastaria para isso que conhecesse as ideias que *aquela* ideia pressupõe, isto é, que fosse educado. Educar o homem – no fundo, o grande projeto iluminista.

Um mundo real errado seria errado porque as suas ideias seriam erradas. A "Idade das Trevas" o foi quando as suas ideias, representações e conceitos, obscuros, não iluminados, supersticiosos, dominavam os homens. Assim, bastaria, pelo pensamento esclarecido, mudar as ideias para que o mundo mudasse. A sucessão da História seria a sucessão das ideias, dos modos de pensar (Auguste Comte). As mudanças dever-se-iam ao pensamento. Numa fórmula, seria a consciência a determinar a existência.

Marx propõe-nos um exercício. Imaginemos a fase mais primitiva do homem: o único laço social que nutre é o que resulta de não viver isolado de outros homens; em ajuntamento colhe o que a natureza lhe dá, praticamente sem divisão do trabalho.

Nessas circunstâncias, "(...) o comportamento limitado dos homens perante a natureza condiciona o comportamento limitado dos homens entre si e este condiciona por sua vez as suas relações limitadas com a natureza, precisamente porque a natureza mal foi modificada pela história".[27]

---

[27] MARX, Karl, ENGELS, Friedrich, *A Ideologia Alemã*. Vol. I, Lisboa, Presença/Martins Fontes, 1975, p. 36, nota 2.

E, em tal quadro, qual será o âmbito da consciência, da ideologia, das representações? Poderá o homem ter filosofia, teologia, moral? A consciência enquanto "consciência do meio sensível imediato", de uma relação com os outros e "da natureza que inicialmente se depara ao homem como uma força francamente estranha, todo-poderosa e inatacável, perante a qual os homens se comportam de uma forma puramente animal e que os atemoriza tanto como aos animais (...) é, por conseguinte, uma consciência de natureza puramente animal (religião natural)".[28]

"Este começo é tão animal como a própria vida social nesta fase; trata-se de uma simples consciência gregária e, neste aspecto, o homem distingue-se do carneiro pelo simples fato de a consciência substituir nele o instinto ou de o seu instinto ser um instinto consciente."[29]

Passemos a um outro período. O homem cria a agricultura, o pastoreio, a caça organizada; trata a pedra, extrai minério, constrói abrigos, fabrica ferramentas, faz trocas, instala a divisão do trabalho. Ou seja, um cenário menos limitado das relações dos homens com a natureza acompanha um cenário menos limitado das relações dos homens entre si. Juntando um terceiro fator, temos também uma consciência menos limitada, uma ideologia elaborada, uma religiosidade mais sistemática; *maxime*, teremos especialistas nestes domínios (sacerdotes, juristas, moralista etc.). A

---

[28] MARX, Karl, ENGELS, Friedrich, *A Ideologia Alemã*. Vol. I, Lisboa, Presença/Martins Fontes, 1975, p. 30.

[29] MARX, Karl, ENGELS, Friedrich, *A Ideologia Alemã*. Vol. I, Lisboa, Presença/Martins Fontes, 1975, p. 36-37.

conclusão é lógica: "A consciência é pois um produto social e continuará a sê-lo enquanto houver homens".[30]

Daí: "O primeiro ato histórico desses indivíduos, através do qual se distinguem dos animais, não é o fato de pensarem, mas sim o de produzirem os seus meios de existência" (I.A.: 18, nota 2). "O primeiro fato histórico é pois a produção dos meios que permitem satisfazer essas necessidades [primárias]."[31] A ação de satisfazê-las "(...) e o instrumento utilizado para tal conduzem a novas necessidades",[32] estando aí, na produção da vida material, nas necessidades que ela engendra, incluindo as necessidades de relações com os outros, a chave da condição verdadeiramente humana enquanto histórica.

"A produção da vida, tanto a própria através do trabalho como a alheia através da procriação, surge-nos agora como uma relação dupla: por um lado como uma relação natural e, por outro, como uma relação social – social no sentido de ação conjugada de vários indivíduos, não importa em que condições, de que maneira e com que objetivo."[33]

Por isso, a verdadeira historiografia não pode separar os homens e a natureza, pois eles não são opostos, antes

---

[30] MARX, Karl, ENGELS, Friedrich, *A Ideologia Alemã*. Vol. I, Lisboa, Presença/Martins Fontes, 1975, p. 36.

[31] MARX, Karl, ENGELS, Friedrich, *A Ideologia Alemã*. Vol. I, Lisboa, Presença/Martins Fontes, 1975, p. 33.

[32] MARX, Karl, ENGELS, Friedrich, *A Ideologia Alemã*. Vol. I, Lisboa, Presença/Martins Fontes, 1975, p. 34.

[33] MARX, Karl, ENGELS, Friedrich, *A Ideologia Alemã*. Vol. I, Lisboa, Presença/Martins Fontes, 1975, p. 35.

companheiros inseparáveis,[34] podendo-se aqui falar da história humana como história da natureza socializada, para usar uma expressão de Anthohy Giddens. Portanto, é a vida que determina a consciência e não o contrário.

É a partir da divisão do trabalho que "(...) a consciência *pode* supor algo mais do que a consciência da prática existente, que representa de fato qualquer coisa sem representar algo de real. E igualmente a partir deste instante ela encontra-se em condições de se emancipar do mundo e de passar à formação da teoria 'pura', teologia, filosofia, moral etc.",[35] da ideologia e da falsa como da verdadeira consciência. É preciso haver condições materiais que permitam a emancipação do mundo.

A determinação material dos estágios de consciência abrange também as "falsas representações" concretas, não lhes permitindo geração espontânea. Na base, a "teoria sistematizada" implica-se na divisão do trabalho porque requer especialistas intelectuais, isto é, não produtivos, o que quer dizer que tem de haver excedente econômico e relações de produção que permitam e legitimem a sua apropriação. No entanto, vai mais longe. A ideologia da liberdade de consciência, de religião etc. é inseparável da ideia de liberdade "de comércio" promovida por uma classe cuja libertação efetiva passou por essas liberdades (econômica, emancipada das grilhetas feudais; de pensamento, emancipada das teias

---

[34] Marx, Karl, Engels, Friedrich, *A Ideologia Alemã*. Vol. I, Lisboa, Presença/Martins Fontes, 1975, p. 50.

[35] Marx, Karl, Engels, Friedrich, *A Ideologia Alemã*. Vol. I, Lisboa, Presença/Martins Fontes, 1975, p. 37.

doutrinárias clericais e "obscuras" que lhe tolhiam o passo). A doutrina da divisão de poderes, enunciada como lei eterna (porque cada modo de produção apresenta os seus interesses próprios como universais) corresponde a um Estado que nasceu com a corte, a aristocracia, o clero e as burguesias a disputarem o poder e, assim, a partilharem-no refazendo uma certa união de interesses.[36]

E quando as ideias dominantes deixam de o ser, isso acontece porque as relações de produção que as sustentam entram em contradição com as forças produtivas, travando-as objetivamente e tornando-as insuportáveis subjetivamente.

A abolição da propriedade privada, instituída desde tempos ancestrais, só será possível, e necessária, com toda a evidência, quando a exploração, a contradição entre trabalho e capital, tornar-se tão insuportável que a alienação material suplante a alienação mental. Isso só acontecerá no capitalismo avançado, na "grande indústria", a qual, assim, e ironicamente, torna possível a abolição da propriedade privada.[37]

Compreende-se, desse modo, a tese de Marx: "(...) não é lutando contra a fraseologia de um mundo que se luta com o mundo que realmente existe".[38] Se não há pensamento puro, nenhuma mudança histórica se deve ao pensamento puro.

---

36 Marx, Karl, Engels, Friedrich, *A Ideologia Alemã*. Vol. I, Lisboa, Presença/Martins Fontes, 1975, p. 56.

37 Marx, Karl, Engels, Friedrich, *A Ideologia Alemã*. Vol. I, Lisboa, Presença/Martins Fontes, 1975, p. 41-42 e 61-62.

38 Marx, Karl, Engels, Friedrich, *A Ideologia Alemã*. Vol. I, Lisboa, Presença/Martins Fontes, 1975, p. 17.

Visto o "materialismo" de Marx, e não sendo ele benévolo para o clero, compreendemos que ele rompe com a concepção iluminista que olhava a religião como o resultado de uma conspiração clerical. Não deixando de ser uma ilusão, a religião pode iludir os que dela tiram proveito, os que beneficiam do seu papel legitimador, do seu efeito conformista ou aliviador (o "ópio"). É uma espécie de "região nevoenta".

A propósito do "caráter de feitiço da mercadoria" – por que razão simples coisas se tornam "sobressensíveis ou sociais"? –, Marx escreveu, em *O Capital*: "É apenas a relação social determinada entre os próprios homens que toma aqui para eles a forma fantasmagórica de uma relação de coisas. Assim, para encontrarmos uma analogia temos de nos escapar para a região nevoenta do mundo religioso. Aqui, os produtos da cabeça humana parecem figuras autônomas, dotadas de vida própria e estando em relação entre si próprias e com os homens. O mesmo se passa no mundo das mercadorias com os produtos da mão humana. Chamo a isto feiticismo (...)".[39] O homem faz Deus; é taumaturgo. Cria as suas ilusões.

Continuando: "O reflexo [Widerschein] religioso do mundo real só pode em geral desaparecer quando as relações da vida prática apresentarem diariamente aos homens ligações transparentemente racionais de uns com os outros e com a Natureza. A figura do processo social de vida, isto é, do processo material de produção, só se

---

[39] Marx, Karl, *O Capital,* Livro Primeiro, Tomo I, Lisboa/Moscovo, Editorial "Avante!", Edições Progresso, 1990, p. 88.

que, à certa altura, se configuraram num "único deus todo-poderoso, que, por sua vez, não é mais do que o reflexo do homem abstrato".[45]

Projeta, como Marx, o futuro da utopia socialista, de onde brotarão as condições materiais e sociais da transparência. Para que tal aconteça, é preciso "um ato social", não basta o conhecimento.

Recordemos e amplifiquemos o texto já exposto acima: "E, quando ele for realizado, quando a sociedade, pela apropriação e utilização planificada dos meios de produção, se tiver libertado e libertado todos os seus membros da servidão em que as leis de produção os conservam neste momento, e que lhes surgem como um poder exterior opressivo; quando o homem não só puser, mas dispuser, só nesse momento desaparecerá a última força estranha que ainda se reflete na religião. Desta forma, extinguir-se-á o reflexo religioso, pela boa razão de que já nada haverá para refletir.[46] Será a "morte natural" da religião – "que lhe está garantida", mas não por decreto, como pretendia o senhor Dühring.[47]

Engels exibe um materialismo por vezes agressivo. "Porque só a materialidade pode ser objeto da percepção e do saber, nós não sabemos nada da existência de Deus."[48]

Associa lapidarmente os mandamentos religioso-morais a estágios socioeconômicos, a interesses de classe.

---

[45] ENGELS, Friedrich, *Anti-Dühring*, Lisboa, Dinalivro, 1976, p. 430-431.

[46] ENGELS, Friedrich, *Anti-Dühring*, Lisboa, Dinalivro, 1976, p. 431.

[47] ENGELS, Friedrich, *Anti-Dühring*, Lisboa, Dinalivro, 1976, p. 432.

[48] ENGELS, Friedrich, *Socialisme Utopique et Socialisme Scientifique*, Paris, Éditions Sociales, 1973, p. 29-30.

Exemplos:

"Desde o momento em que a propriedade privada dos objetos mobiliários se desenvolveu, era bem preciso que todas as sociedades em que esta propriedade prevalecia tivessem em comum o comando moral: tu não roubarás nada".[49] Este mandamento não é eterno, afiança. Numa sociedade sem motivos para roubo, só os alienados roubarão.[50]

"(...) tal como a sociedade evoluiu até aqui em oposições de classes, a moral foi constantemente uma moral de classe (...)" – da classe dominante ou da classe ascendente (ibidem). "Uma moral realmente humana, situada acima das oposições de classe e da sua recordação, só se torna possível a um nível da sociedade onde não só se venceu, mas se esqueceu com a prática da vida, a oposição das classes."[51]

Tem tese paralela à de Marx quanto à gênese da moderna liberdade de religião (e de pensamento, e de expressão, e de doutrina política): é a vertente ideológica da liberdade

---

[49] ENGELS, Friedrich, *Socialisme Utopique et Socialisme Scientifique*, Paris, Éditions Sociales, 1973, p. 128.

[50] Fernando Savater, apoiado em eruditos judeus, tem outra interpretação para a origem do mandamento. "Não roubarás" interditava os raptos, muito comuns no tempo de Moisés, para obter escravos e atingir outros interesses. Os judeus foram "raptados" ou "sequestrados" pelos egípicios (*Os dez mandamentos no século XXI*, p. 112).

[51] ENGELS, Friedrich, *Socialisme Utopique et Socialisme Scientifique*, Paris, Éditions Sociales, 1973, p. 128-129.

de comércio, de indústria, de iniciativa econômica, sem os freios corporativos feudais, sem os privilégios de nascimento, sem a prisão à servidão da terra. Reflete a *liberdade burguesa*. A recusa dos privilégios de classe tem como complemento a recusa dos privilégios do clero.

Em *Socialismo Utópico e Socialismo Científico* diz que "o grande centro internacional do feudalismo era a Igreja Católica Romana", o qual "coroava as instituições feudais com a auréola de uma consagração divina". Era proprietária de pelo menos um terço "das terras do mundo católico". Portanto, para destruir o feudalismo, "era preciso que a sua organização central sagrada fosse destruída".[52]

Continua o libelo: a burguesia precisava, também, do desenvolvimento contínuo da ciência para impulsionar a produção industrial e, logo, precisava destruir a "ciência eclesiástica" que "era tudo menos ciência".[53] Na época, "toda a luta contra o feudalismo deveria cobrir-se de uma dissimulação religiosa e ser dirigida em primeiro lugar contra a Igreja".[54]

É a tese da dissimulação intencional que ele aplica a Thomas Münzer, alegadamente hábil a manipular "fraseologia cristã" com "máscara bíblica", dirigindo-se ao povo "na linguagem do profetismo religioso", porque essa era "a única que o povo era capaz de compreender à época". O pastor teria,

---

[52] Engels, Friedrich, *Socialisme Utopique et Socialisme Scientifique*, Paris, Éditions Sociales, 1973, p. 37-38.

[53] Engels, Friedrich, *Socialisme Utopique et Socialisme Scientifique*, Paris, Éditions Sociales, 1973, p. 38.

[54] Engels, Friedrich, *Socialisme Utopique et Socialisme Scientifique*, Paris, Éditions Sociales, 1973, p. 38.

então, protagonizado "uma antecipação genial das condições de emancipação dos elementos proletários em germe nos meios plebeus"; isso exigia "a instauração imediata do Reino de Deus na terra, do reino milenar dos profetas, pugnando pelo regresso da Igreja à sua origem e pela supressão de todas as instituições em contradição com essa Igreja, pretensamente primitiva, mas, na realidade, completamente nova. Para Münzer, o reino de Deus não era mais do que uma sociedade sem qualquer diferença de classes, sem qualquer propriedade privada, sem qualquer poder de Estado estranho, autônomo, oposto aos membros da sociedade".[55]

Surge, aqui, a possibilidade de a religião, enquanto força utópica, assumir um papel revolucionário. Mas, como nota Löwy,[56] essa possibilidade negligencia a dimensão especificamente religiosa, autêntica, sincera, do Münzerismo dele, Thomas. Este viés pode parecer forçado, pois Engels, na curta biografia que nos dá de Thomas Münzer, reconhece que o pastor desde cedo conviveu com os místicos medievais, conheceu os escritos quiliásticos, frequentou os meios sectários da época.[57] A interpretação engelsiana é a de que Thomas Münzer evoluiu para um panteísmo ateu inspirado num Cristo profano que convivia com os coevos em refeições

---

[55] Engels, Friedrich, "La Guerre des Paysans", 1968, Marx, Karl e Engels, Friedrich, *Sur la Religion*, Paris, Éditions Sociales: 91-112 (disponível em http://classiques.uqac.ca/classiques/), 107.

[56] Löwy, Michaël, "Karl Marx et Friedrich Engels comme Sociologues de la Religions", in *Archives de Sciences Sociales des Religions*, n. 89 (janvier-mars), 1995, p. 41-52, 46.

[57] Engels, Friedrich, "La Guerre des Paysans", 1968, Marx, Karl e Engels, Friedrich, *Sur la Religion*, Paris, Éditions Sociales: 91-112 (disponível em http://classiques.uqac.ca/classiques/), 104.

sem mística – o pão e o vinho eram pão e vinho, simplesmente. O seu recurso à Bíblia tenderia, com o tempo, a nomear as passagens mais violentas e intolerantes: as represálias sobre o Egito; Deuteronômio 7,5 ("destruireis seus altares, quebrareis suas estrelas, cortareis suas Asserás de madeira e queimareis suas imagens de escultura").

A revolução puritana do século XVII prosseguiu a caminhada das reivindicações modernas sob a capa religiosa. Até que a Revolução Francesa culmina a plenitude das pretensões burguesas e despe-as de véus religiosos: "(...) foi o primeiro [levantamento] que rejeitou totalmente a farpela religiosa e travou todas as suas batalhas no terreno abertamente político; foi também o primeiro que empurrou a luta até ao aniquilamento de um dos combatentes – a aristocracia – e até ao triunfo total do outro – a burguesia.[58]

Daí o seu desagrado, se não espanto, ao ver a história andar para trás com o "ressurgimento" no século XIX do cristianismo, principalmente do cristianismo primitivo, no movimento revolucionário comunista francês. Marx partilha da reação de Engels: este "sincretismo" é disparatado. Para Engels, tal anacronismo dever-se-ia ao desconhecimento da Bíblia pelos comunistas franceses; se a conhecessem bem constatariam que "o espírito geral dos seus ensinamentos é totalmente oposto ao comunismo" e que o cristianismo não é o comunismo.[59]

---

[58] Engels, Friedrich, *Socialisme Utopique et Socialisme Scientifique*, Paris, Éditions Sociales, 1973, p. 45.

[59] Löwy, Michaël, "Karl Marx et Friedrich Engels comme Sociologues de la Religions", in *Archives de Sciences Sociales des Religions*, n. 89 (janvier-mars), 1995, p. 41-52, 48.

"O cristianismo não conheceu senão uma igualdade entre todos os homens, a do pecado original igual, que correspondia completamente ao seu caráter de religião de escravos e oprimidos. Ao lado disso, não conhecia senão a igualdade dos eleitos, que só se evidenciou, de resto, no início. Os traços de comunidade de bens, que se encontram igualmente nos começos da religião nova, reduzem-se antes à solidariedade entre perseguidos do que a ideias mais de igualdade. Depressa, a fixação da oposição entre padres e leigos pôs fim a este rudimento de igualdade cristã."[60]

Hannah Arendt tem opinião parecida. A igualdade de todos os homens é igualdade diante de Deus, não diante de César; é igualdade de almas. Por isso, as igrejas cristãs foram durante tantos séculos indiferentes à questão da escravatura.[61]

Engels notou, de resto, um "paralelismo estrutural" entre o cristianismo primitivo e o socialismo moderno: massas oprimidas, perseguidas, em busca de libertação. Grande diferença: libertação no céu ou na terra. Sobre a composição social dos pioneiros cristãos, evoluiu consideravelmente: escravos apenas, considerava ele a princípio; mais tarde, olhou-os já como um esboço de pequena

---

[60] Engels, Friedrich, *Anti-Dühring*, Lisboa, Dinalivro, 1976, p. 141.

[61] Arendt, Hannah, "Religion et Politique", *id.*, *La Nature du Totalitarisme*, Paris, Payot, 1996, p. 139-168, 146. De qualquer modo, Engels entendia as utopias do cristianismo primitivo como perigosas para os proprietários (*Socialisme Utopique et...*, p. 50). Löwy ironiza: hoje isso não acontece... (1995, p. 49).

burguesia. Perto do fim da vida, opinaria, feliz, que "o novo movimento operário socialista é não religioso" – patamar para ele mais evoluído, como vimos antes, do que o ateísmo.[62]

Michaël Löwy encara as correntes ligadas à Teologia da Libertação como o ressurgimento de formas revolucionárias religiosas reclamando não só contra o estado do mundo, mas também contra o estado da Igreja, os compromissos pouco evangélicos em que se terá enredado, as suas alianças com os poderosos, o esquecimento da mensagem dos Evangelhos – um novo convite às origens.[63]

Engels não ignorou o tema da função de controle social atribuída às religiões e às igrejas. O Terror em Paris mostrava "onde chegaria a massa" sem "sentimentos religiosos". E a onda de rebeliões operárias em meados do século XIX – França, Itália, Hungria, Alemanha e outros países – reforçou a convicção burguesa de "que era preciso manter o espírito religioso na classe operária". Todos os anos foram gastos "milhões e milhões" para a "evangelização das classes inferiores", chegando os ingleses piedosos a pedir ajuda aos EUA, que exportaram assim o seu revivalismo evangélico. Entrou também em ação o Exército de Libertação, inspirado no cristianismo primitivo – segundo o entendimento

---

[62] LÖWY, Michaël, "Karl Marx et Friedrich Engels comme Sociologues de la Religions", in *Archives de Sciences Sociales des Religions*, n. 89 (janvier-mars), 1995, p. 41-52, 45-49.

[63] LÖWY, Michaël, "Karl Marx et Friedrich Engels comme Sociologues de la Religions", in *Archives de Sciences Sociales des Religions*, n. 89 (janvier-mars), 1995, p. 41-52, 49.

de Engels – e bendizendo os pobres (os "eleitos"), com um vasto programa de beneficência e cura de almas. Engels achava que esse "Exército" poderia, a prazo, ser ameaçador para a burguesia, pois não era simpatizante da voracidade capitalista. De qualquer modo, de tudo isso, o resultado foi, afirma ele, a "classe média" inglesa se ter tornado verdadeiramente *beata*.[64]

---

[64] ENGELS, Friedrich, *Socialisme Utopique et Socialisme Scientifique*, Paris, Éditions Sociales, 1973, p. 47-50.

2

Émile Durkheim: em busca da essência da religião

Em muitos aspectos, Émile Durkheim parece o oposto de Max Weber. Este não perde tempo em definir a religião; aquele a definiu seguindo o habitual processo minucioso de apuro conceitual e argumentação encadeada, em busca da *essência* do fenômeno religioso em toda a sua pureza.

Max Weber praticamente ignorou os dados etnográficos e as religiões elementares; estudou, sim, as grandes religiões mundiais, as mais complexas e diferenciadas, como se nelas se manifestasse plena e claramente o que nas outras estivesse em embrião mitigado.

Émile Durkheim, pelo contrário, buscou as religiões mais elementares, "intocadas" de contaminações exteriores que obscurecessem a sua total apreensão luminosa. Quase ignora o poder temporal, a organização religiosa, os agentes religiosos, as camadas sociais.[65] Como se, para atingir

[65] LUKES, Steve, *Émile Durkheim – su vida y su obra*, Madrid, Centro de Investigaciones Sociologicas/Siglo XXI de España Editores S.A, 1984, p. 450-451.

o núcleo fundamental de um fenômeno, fosse preciso negligenciar as suas dispersões acidentais.

Procedamos tendo em conta que Émile Durkheim era um sociólogo e consideremos a sua sociologia da religião como um caso particular da teoria sociológica durkheimiana, inseparável da *teoria do fato social.*

Em resumo: se a física e a química estudam objetos no estado de "coisa", então os fatos sociais deverão ser sociologicamente estudados como "coisas" – *dados* impostos à observação objetiva, exteriores a nós, inquiridos partindo de um patamar de ignorância inicial e fundamental, "passando progressivamente dos caracteres mais exteriores e mais imediatamente acessíveis para os menos visíveis e mais profundos".[66] Os fatos sociais têm o mesmo grau de realidade das coisas físicas, embora sejam de naturezas diferentes. Mesmo que não apresentassem todos os caracteres intrínsecos de coisas, ainda assim deveriam primariamente ser tratados como se as apresentassem.

"Precisamos, pois, considerar os fenômenos sociais em si mesmos, destacados dos indivíduos conscientes que formulam representações a seu respeito; é necessário estudá-los de fora, como coisas exteriores, pois é nessa qualidade que se apresentam a nós."[67] Por exemplo: o que vamos estudar não são as ideias que os indivíduos fazem da moral; vamos estudar, sim, ao princípio, as regras que expressam

---

[66] Durkheim, Émile, *As Regras do Método Sociológico*, São Paulo, Companhia Editora Nacional, 1960, p. 19.

[67] Durkheim, Émile, *As Regras do Método Sociológico*, São Paulo, Companhia Editora Nacional, 1960, p. 26.

a moral. Quanto às ideias de moral, serão estudadas numa segunda fase, mas exatamente como coisas e naquilo em que não dependem de variações volúveis de indivíduo para indivíduo sem fixação coletiva.

Se o fato social for uma coisa encarada em sua exterioridade, então é algo que se impõe ao indivíduo e não pode ser anulado por uma decisão da sua vontade. Usando outras palavras, o ato social exerce coerção exterior sobre os indivíduos – impõe-se-lhes. De tão vulgar nas vidas e nas consciências, a coerção fundamental do fato social pode ser assimilada a ponto de se invisibilizar. Por isso, é comum só ser notada com clareza quando alguém a transgride. O autor procede a uma analogia com a física: a evidência de não sentirmos o peso do ar não o anula enquanto coisa física.

A educação das crianças é um catálogo de coerção acumulada, pré-existente às crianças – as regras inculcadas são-lhes anteriores e exteriores.

Para além da coerção, os fatos sociais caracterizam-se pela generalidade, cuja natureza é coletiva: repetem-se nas partes porque existem no todo e não ao contrário. Muitos fatos individuais repetidos – por exemplo, ter duas mãos – são "gerais", mas não coletivos. Por oposição, uma certa ideia de Deus existe nos indivíduos e repete-se – é geral – porque existe na sociedade, precede os indivíduos e impõe-se-lhes. É coletiva.

Portanto, "é fato social toda maneira de agir, fixa ou não, suscetível de exercer sobre o indivíduo uma coerção exterior; ou então ainda, que é geral na extensão de uma sociedade dada, apresentando uma existência própria, independentemente das manifestações individuais que possa ter".[68]

Outro princípio metodológico de Émile Durkheim é o de investigar um fenômeno a partir das suas manifestações mais elementares, antes de passar às mais complexas – são *elementares* aquelas que não resultam da combinação ou da evolução de outras, anteriores (teoria da morfologia social). Há aqui como que um "axioma de identidade" entre a simplicidade mais elementar e a prioridade evolutiva: a forma mais elementar de um fenômeno ocorrerá na forma mais elementar de sociedade, isto é, numa sociedade que não seja constituída por sociedades mais simples – "sociedade uni-segmentária", sem traços de uma sociedade anterior, o que significa decompor-se imediatamente em indivíduos.[69]

Regra seguinte: dada a incomensurável multidão de fenômenos sociais, inclusive da mesma "espécie", é impossível estudá-los todos para extrair conclusões ou leis. Idêntica consideração se faz acerca das ciências naturais – um número limitado de observações e/ou experiências, bem conduzidas, basta para estabelecer uma lei. No limite, uma única observação, adequada, bastará.

Passemos, então, à sociologia durkheimiana da religião.

A "religião mais elementar", "mais primitiva", será aquela que se encontra nas formas mais simples, mais elementares,

---

[68] Durkheim, Émile, *As Regras do Método Sociológico*, São Paulo, Companhia Editora Nacional, 1960, p. 12. A alusão à fixidez tem em conta fenômenos como a arquitetura.

[69] Durkheim, Émile, *As Regras do Método Sociológico*, São Paulo, Companhia Editora Nacional, 1960, p. 78.

de sociedade e que se pode analisar sem fazer referência a qualquer religião anterior. O autor vai, assim, ao encontro – bibliográfico – das tribos primitivas da Austrália, sobretudo Central, em voga na etnografia da época, no fim do século XIX, encaradas como a crisálida primitiva da humanidade ou como uma máquina do tempo.

E temos, portanto, o famoso "clã" australiano, alegadamente o agrupamento, a "sociedade" mais simples que existe, irredutível a outros grupos societários. Acima dele está a "tribo". Se Durkheim conseguisse orientar bem a "observação" (indireta) deste mundo, estaria em condições de extrair conclusões sólidas acerca da religião, de apreendê-la no que tem de mais fundamental e nas suas grandes leis em estado de pureza.

E o que era a "essência" da religião "australiana"? Era o totemismo. Os indivíduos que compõem o clã consideram-se unidos por um laço de parentesco não consanguíneo (mãe, pai, irmão), mas de ligação a uma entidade especial – o totem, geralmente um animal ou um vegetal, embora possa ser astral, meteorológico ou ctônico.

Todos os membros do clã usam, para além do nome pessoal, o nome relativo ao totem clânico. Dentro da mesma tribo, clãs diferentes têm nomes (totens) diferentes. Os membros do clã mantêm entre si deveres idênticos aos dos parentes próximos: assistência, *vendetta*, luto, tabu do incesto.

A unidade do clã não tem base territorial – ela advém do totem e dele se alimenta. A exogamia, aliás, com residência uxolocal ou virilocal, obriga à dispersão territorial. Inclusive, diz o autor, é possível que os seus laços se estendam para além da tribo, podendo clãs de tribos diferentes ter o mesmo totem.

O ente totêmico não pertence ordinariamente à ordem comum, cotidiana, que manipulamos na rotina da sobrevivência. Pelo contrário: opõe-se-lhe. Daí a interdição de comê-lo, mesmo que seja algo comestível (só em algumas circunstâncias rituais é que se o come). É simbolizado em representações de pedra ou madeira. Nesta oposição Émile Durkheim vê o mais fundamental dos traços religiosos. "Deus" não é esse primórdio, pois há sistemas que entendemos ser religiosos e não têm Deus. "Deus", "mistério sobrenatural" e afins são desenvolvimentos da escala evolutiva que têm uma origem única: o totemismo.[70]

A oposição acima exposta é, afinal, a oposição entre sagrado e profano, no fundo um par de opostos que só fazem sentido enquanto opostos. Por ela, o mundo divide-se em duas categorias, sendo uma cotidiana e "econômica" – profana – e a outra separada e "interdita" – sagrada. Na parte profana da existência, o crente movimenta-se com relativa liberdade, entregue a suas ocupações; na sagrada, temor e esperança alternam-se ou, mesmo, sobrepõem-se, aí, onde o mínimo erro pode perder o crente.

"Uma religião é um sistema solidário de crenças e de práticas relativas a coisas sagradas, isto é, separadas, interditas, crenças e práticas que unem numa mesma comunidade moral, chamada Igreja, todos os que a elas aderem."[71]

Note-se: esta é uma definição objetiva, que abstrai dos conteúdos concretos do sagrado – Deus, vida pós-morte,

---

[70] Aron, Raymond, *As Etapas do Pensamento Sociológico*, São Paulo, Martins Fontes, 1987, 347.

[71] Durkheim, Émile, *Les Formes Élémentaires de la vie religieuse*, Paris, P.U.F., 1994, p. 65.

teodiceia, sociodiceia... Dá-nos a religião em estado de coisa, a partir dos seus caracteres mais exteriores: crenças (sagrado/profano), práticas, rituais, tabus. E coisa coletiva, pois existe nos indivíduos por existir na sociedade – e não o contrário.

Falta, contudo, outro componente da coisa social. Émile Durkheim fala, então, da dupla obrigatoriedade de prática e de crença. Fazem parte da ordem do mundo a crença totêmica e as práticas a si associadas. Evoluções posteriores podem introduzir *nuances* no esquema, mas a coerção, variando de grau, persiste e é dupla. Enquanto o direito e a moral obrigam apenas à prática, a religião obriga também à crença. Estão tecidas as relações objetivas consequentes.

O passo seguinte é fulcral. Repare-se que a religião:

– faz-se acompanhar de um sentimento difuso de que qualquer coisa é superior à individualidade;

– precede cada um dos indivíduos crentes e sobrevive-lhe;

– impõe-se menos por força física do que por autoridade moral;

– impõe-se por intermédio das pessoas em conjunto, muitas vezes à custa dos maiores sacrifícios e dos instintos mais fundamentais;

– tem uma existência própria, independentemente dos indivíduos em que se concretiza.

Ilação lógica (ou analógica): não se trata apenas de a religião ser coisa social. O autor vai mais longe: o sagrado é... a sociedade. É ela que os homens adoram sem o saber. "Deus" é uma expressão (trans)figurada da sociedade. Esta, em si mesma, tem algo de sagrado. O grande Deus é a síntese de todos os totens, que são a expressão elementar do fenômeno.

Em *As Formas Elementares da Vida Religiosa*, Durkheim pergunta-se: as representações figurativas do totem impõem o máximo respeito, mas que respeito, que reverência impõem um rato, uma larva, uma formiga, uma ameixoeira, um legume? Resposta: o verdadeiro objeto do culto "não é a natureza intrínseca da coisa que dá nome ao clã".[72] Ora, os símbolos representam algo; os emblemas são simbólicos. O emblema totêmico identifica o clã, de que se torna um símbolo – para aquele clã e para os outros. E, se o emblema "é, simultaneamente, símbolo do 'deus' e da sociedade, não será por que o deus e a sociedade são um?".[73]

A sociedade, é de repetir, torna-se objeto de crença, de culto por, em si própria, ter qualquer coisa de sagrado. O crente depende de algo com natureza diferente da sua e que lhe é superior; o indivíduo social tem a mesma relação com a sociedade. Pela religião, o crente adora a sociedade, transfigurada.

Mais uma vez, Émile Durkheim recorre à gênese, às formas elementares: não será por acaso que nessas sociedades a socialização é marcada pela iniciação às coisas

[72] Durkheim, Émile, *Les Formes Élémentaires de la vie religieuse*, Paris, P.U.F., 1994, p. 294.

[73] Durkheim, Émile, *Les Formes Élémentaires de la vie religieuse*, Paris, P.U.F., 1994, p. 294-295.

sagradas; e que a plena integração na sociedade passa por ritos de passagem à plena condição de membro da comunidade religiosa. Uma obrigação – uma prática religiosa, por exemplo – é inconcebível, ou quase, em indivíduos isolados. "Tudo o que é obrigatório é de origem social."[74]

A religião representa, portanto, a realidade social no sentido cognitivo (torna-a inteligível) e no sentido expressivo (simboliza e dramatiza as relações sociais de classificação, separação, subordinação e ordem). É uma sociologia mitológica. Há, ainda, uma função integrativa na religião: estreita os vínculos indivíduo/sociedade. Os ritos reforçam o sentimento de pertença ao grupo, revigoram a crença, lembram-na. Uma religião vive de práticas, símbolos, crenças e modos de renová-los.

Conclui-se daqui que o medo, o terror não são a origem das crenças religiosas. Na sua forma mais elementar – totêmica, recordemos –, a crença é confiante, alegre, exceção feita aos ritos funerários. Transfiguração, sim, mas feliz. A grande função da religião é, diz, ajudar-nos a viver.[75]

Com tal formulação, pretendia Durkheim desvendar os motivos por que uma ilusão mantinha, ao longo da História, um lugar tão importante e persistente na vida humana. Isso não poderia acontecer com base em puras e simples alucinações. A resposta foi encontrada: o fenômeno é só meia ilusão. As explicações e interpretações das

---

[74] LUKES, Steve, *Émile Durkheim – su vida y su obra*, Madrid, Centro de Investigaciones Sociologicas/Siglo XXI de España Editores S.A., 1984, p. 241.

[75] DURKHEIM, Émile, *Les Formes Élémentaires de la vie religieuse*, Paris, P.U.F., 1994, p. 320-321, 595.

crenças e das práticas religiosas dadas pelos fiéis são ilusões; mas o que está por trás dessas ilusões não é ilusório – pelo contrário: é bem real. A religião é uma realidade traduzida em transfigurações e metáforas. É um delírio realista.[76]

A ideia de que a religião é representação/efeito da sociedade/causa conduz à de que é "uma expressão resumida da totalidade da vida coletiva" e à de que "a sociedade é a alma da religião".[77] Também se poderia dizer, claro, que a religião é a alma da sociedade, numa simbiose vital: se não existe religião sem sociedade, tampouco existe sociedade sem religião.

As grandes categorias mentais, as mais fundamentais, as que fazem "a ossatura da inteligência", são conaturais ao pensamento religioso: espaço, tempo, causa, efeito, substância, número, oposição, gênero, ordem.[78] A sociabilidade da religião, o seu pendor gregário, a obrigatoriedade prescritiva que institui regras, moral, direito – tudo igualmente nos leva, ou leva o autor, a concluir que também as instituições sociais têm origem religiosa (com relativa exceção das econômicas). Essa teoria do conhecimento estende-se à ciência, também com gênese religiosa. Ela classifica, hierarquiza, explica, ordena, estabelece relações causa/efeito – tudo "coisas religiosas". A noção de causa eficiente, por que uma

---

[76] Durkheim, Émile, *Les Formes Élémentaires de la vie religieuse*, Paris, P.U.F., 1994, p. 324-325.

[77] Durkheim, Émile, *Les Formes Élémentaires de la vie religieuse*, Paris, P.U.F., 1994, p. 598-599.

[78] Durkheim, Émile, *Les Formes Élémentaires de la vie religieuse*, Paris, P.U.F., 1994, p. 12-13.

força desencadeia necessariamente um efeito que não controlamos, é iminentemente religiosa, relativa a algo que é uma força superior.

Notamos no esquema uma imbricação mútua, a ponto de cairmos em certa indistinção. Religião e sociedade são "almas" uma da outra, em relação especular. A religião tem origem social e a sociedade tem, em si, algo de sagrado. Tudo o que é sagrado é social, sim, e também tudo o que é social possui uma centelha de sagrado. A regra, a obrigação são "sagradas", com e sem aspas. O totem, recordemos, é o símbolo do "deus" e da sociedade. O que está em jogo é o consenso, a integração do grupo, de modo a transcender a dispersão individual. Em um texto de 1916, Émile Durkheim recomendava à escola fomentar a autoridade moral nas crianças, inculcar-lhes "a religião da regra" respeitante a uma "lei impessoal comum a todos".[79]

Todas as sociedades têm verdades indiscutíveis, quer dizer, sagradas. Uma sociedade assente no princípio da liberdade toma a liberdade como sagrada. Quem a negar está a profaná-la. Numa cultura de progresso, livre exame e liberdade, quem escarnecer esses princípios coloca-se à margem. Levar a liberdade e o livre exame ao extremo de submetê-los a exame crítico pode conduzir ao niilismo. É autodestrutivo.[80] A religião é a superação da anomia, da desordem, que ameaçam em permanência. Por isso, o poder

---

[79] Prades, José A., "Religion Civil et Religion de l'Humanité: Retour Sur l' Anthropocentrisme Durkheimien", in *Social Compas*, n. 40(3), 1993, p. 415-427, 420.

[80] Durkheim, Émile, *Les Formes Élémentaires de la vie religieuse*, Paris, P.U.F., 1994, p. 12-13, 305.

tem também gênese religiosa e se reveste de majestade, tantas vezes confundida com o sagrado.[81]

A sociedade é dual: oscila entre ordem e desordem, norma e anomia, morte e regeneração, razão e desrazão. A vida ocorre no fio entre equilíbrio e desequilíbrio. A prosperidade é uma ameaça à quietude da ordem tradicional normal. Geralmente lhe sucede a crise, que mobiliza recursos restauradores. Essa mobilização dissipa energias, implica sacrifício, privação. Mas a festa, a efervescência também dissipam energias. Dissipação controlada, entenda-se; ou desordem controlada, ritualizada, que permite a regeneração em comunhão. Por sua natureza, a "dissipação controlada" é vizinha do descontrole, do excesso patológico, do delírio, visíveis nos profetas, nos "fundadores de religiões", nos "grandes santos". Em razão disso, chega-se a procurar induzir artificialmente estados parecidos através de "licores intoxicantes" e substâncias alucinogéneas.[82] Temos, nos (des)equilíbrios, a dialética entre dois polos do *homo duplex*, nas suas dimensões racionais e irracionais, inseparáveis da condição humana.

Ao contrário do que pretende alguma divulgação apressada, a visão durkheimiana da modernidade não é a do desaparecimento da irracionalidade e da religião; é uma visão ambígua de oscilação bipolar, digamos.

---

[81] DURKHEIM, Émile, *Les Formes Élémentaires de la vie religieuse*, Paris, P.U.F., 1994, p. 12-13, p. 304-305. TEIXEIRA, Alfredo, *Entre a Exigência e a Ternura – uma antropologia do habitat institucional católico*, Lisboa, Paulinas, 2005, p. 120.

[82] DURKHEIM, Émile, *Les Formes Élémentaires de la vie religieuse*, Paris, P.U.F., 1994, p. 12-13, p. 304-305. TEIXEIRA, Alfredo, *Entre a Exigência e a Ternura – uma antropologia do habitat institucional católico*, Lisboa, Paulinas.

A racionalidade científica existe, sim. Mas acompanhada. A sociedade, diz o nosso autor, tem capacidade inesgotável "para se transformar em divindade ou para criar deuses" e, com eles, dogmas, símbolos, altares, festas, entusiasmo de massas. Durkheim exemplifica a tese com a Revolução Francesa; Raymond Aron, com o nazismo, rematando a sua interpretação da perspectiva durkheimiana sobre o futuro moderno: "(...) chegará o momento em que as sociedades modernas serão outra vez possuídas pelo delírio sagrado".[83]

A ciência desempenha um papel fulcral na sociedade moderna. De certa maneira, pode ser análoga à Revolução Francesa: objeto de crença e de culto, meio de conhecimento (crítico) e de consenso, fonte de autoridade e de esperança. Com origem religiosa, ultrapassa a religião como conhecimento mais perfeito, crítico. Seria, no dizer de Steven Lukes, uma ressurreição religiosa laica, menos transcendente, mas, por isso, mais "verdadeira", porque uma via mais direta de adoração da sociedade.[84]

Durkheim encarava, até, uma nova "religião da humanidade", baseada no "individualismo espiritualista" em que o indivíduo seria objeto de culto, porque é o melhor símbolo da humanidade e, logo, da sociedade. Violentá-lo

---

[83] ARON, Raymond, *As Etapas do Pensamento Sociológico*, São Paulo, Martins Fontes, 1987, p. 330. DURKHEIM, Émile, 1994, *Les Formes Élémentaires de la vie religieuse*, Paris, P.U.F., 1994, 12-13, 305-306.

[84] LUKES, Steve, *Émile Durkheim – su vida y su obra*, Madrid, Centro de Investigaciones Sociologicas/Siglo XXI de España Editores S.A., 1984, p. 461-464. ARON, Raymond, *As Etapas do Pensamento Sociológico*, São Paulo, Martins Fontes, 1987, 321-322.

é profaná-lo, causar horror – seja o matando, seja infringindo a sua liberdade. Torna-se fonte de tabu ("o homem tornou-se num deus para o homem"). É uma nova religião, moderna: a única compatível com a modernidade. Afirmou-o num artigo de 1918.[85] Mas isso não pode surgir por decreto – pretensão que atribuía a Auguste Comte. Todavia, a anomia espreita sempre.

A obra de Émile Durkheim deixa-nos, em religião, um patrimônio importante. Contrariamente a certa vulgata, o legado durkheimiano não se limita a inspirar as correntes da "secularização" e do declínio do sagrado na era da ciência racional. Chamou a atenção para as múltiplas facetas da religião, para a necessidade de redutos sagrados, para a existência de equivalentes funcionais (a revolução, por exemplo), para os limites da racionalidade, para o caráter precário dos equilíbrios sociais (imprevisíveis), para a efervescência típica da religiosidade e a sua compulsão gregária (as correntes sociológicas "tribalistas" invocam-no com frequência, podendo os "clãs" ser diversos – caso de minorias, por exemplo).

A fixação durkheimiana no totemismo da Austrália foi alvo de várias críticas, algumas já antigas. Steve Lukes (1984) sintetizou-as mais ou menos nos termos que se seguem:

1) O totemismo da Austrália Central, nuclear na teoria de Durkheim, é muito específico, mesmo dentro

---

[85] Prades, José A., "Religion Civil et Religion de l'Humanité: Retour Sur l' Anthropocentrisme Durkheimien", in *Social Compas*, n. 40(3), 1993, p. 415-427, 422-423.

da Austrália. O princípio de que *uma* observação pode validar uma tese e prestar-se a generalizações manifesta aqui os seus limites.

2) É precário sustentar que aquelas sociedades australianas são as mais simples que existem; os especialistas afirmam que há formas de sociedade mais simples e que, aliás, não são totêmicas. A própria ideia de simplicidade morfológica é duvidosa. Refere-se a quê? Artefatos técnicos? Sistema de parentesco? Especialização econômica? Estratificação social? As tribos australianas, do ponto de vista técnico, eram mais primitivas do que as ameríndias, mas não no que respeitava ao parentesco e à complexidade da organização totêmica.

3) É falsa a identificação entre clã e totem: há religiões totêmicas sem clãs e vice-versa. E o lugar que Durkheim dá ao clã nas tribos australianas é criticado: na realidade, é disperso, falho de coesão e solidariedade, sem autêntica liderança – não parece ser um "segmento", uma forma de sociedade autônoma.

4) Muitos clãs totêmicos não possuem as representações figurativas dos totens descritas por Durkheim.

5) Não existem provas de que os deuses australianos sejam sínteses ou evoluções de totens – não apresentam traços visíveis dessa putativa origem.[86]

Além do mais, as críticas habituais costumam estender-se, no plano da validade dos princípios, a sua identificação

---

[86] LUKES, Steve, *Émile Durkheim – su vida y su obra*, Madrid, Centro de Investigaciones Sociologicas/Siglo XXI de España Editores S.A., 1984.

entre religião e sociedade: isso será uma petição de princípio, dando por certo o que deveria dar como a provar. Terá confundido *social* com *sociedade*?

Do ponto de vista mais substantivo, é ainda corrente criticar o autor por ter negligenciado os agentes religiosos, as elites, os profetas, as organizações religiosas, os interesses de classe ou de camada social.

3

Max Weber e a compreensão das grandes religiões

Max Weber é um autor enciclopédico, vastíssimo, erudito, por vezes difícil de ler – pela densidade da escrita e pela complexidade do pensamento, avesso a fórmulas, a monismos (modelos de interpretação baseados em princípios únicos), a sínteses *a priori* (que antecipam em tom dogmático as conclusões, como sugeria ser o caso do marxismo), a *um* sentido *da* História (o que há são *sentidos na* História, muitas vezes desconcertantes, em acontecimentos com muitas causas, muitos acasos e singularidades – não existe "progresso"); na História, nas nossas vidas, há, sim, "afinidades eletivas" entre fenômenos de naturezas diversas.

Nesse quase caos, que devem – ou podem – fazer as ciências sociais, as ciências da cultura, a sociologia? No primeiro capítulo de *Economia e Sociedade* dá-nos Weber um exemplo sugestivo. Se descobrirmos uma regularidade, podemos exprimi-la através de uma lei estatística exata e, ainda assim, não compreendê-la, não lhe achar um sentido.

Onde é que está o sentido? Onde está o sentido do uso e da troca de um objeto? No objeto? Não – esse sentido está nos homens que o usam e o trocam e que, quando o usam e o trocam, fazem-no produzindo um sentido (ou vários). Deste modo, a ação torna-se significativa – para os atores e para o observador. Como o sentido não está nas coisas (não lhes é intrínseco), mas sim nos atores, quem o procura terá de partir dos atores – eis o célebre *ponto de vista do ator* –, de como eles vivem as ações. É isto a compreensão da sociologia compreensiva.

Afirmar que o ator social, enquanto cultural, é "consciente" quer dizer que age motivado, com intenções, dando significados ao que faz e ao que os outros fazem – tem uma consciência. É por isso que, para Max Weber, a ação humana é sempre "racional", mesmo quando foge às regras convencionadas da racionalidade estrita.

Assim também na religião. "A ação cuja motivação é religiosa ou mágica aparece na sua existência primitiva orientada para este mundo. As ações religiosas ou mágicas devem realizar-se para que 'viva bem e longos anos sobre a terra'. Inclusive aqueles ritos extraordinários, sobretudo para gente da cidade, como os sacrifícios humanos, foram realizados, por exemplo, nas cidades marítimas fenícias, sem qualquer ideia de além-morte. Toda a ação originada por motivos religiosos ou mágicos é, além disso, na sua forma primária, uma ação racional, pelo menos relativa: se não é necessariamente uma atuação segundo meios e fins, é, contudo, conforme as regras da experiência."[87] Aliás,

[87] WEBER, Max, *Economia y Sociedad*, México, Fondo de Cultura Económica, 1983, p. 328.

como diz Raymond Aron, toda a conduta humana segue este princípio; portanto, ela, em geral, incluindo a econômica, só é compreensível no quadro da concepção geral da existência, e desta fazem parte concepções religiosas.[88]

Por isso, fazer sociologia de uma sociedade implica, mais tarde ou mais cedo, fazer sociologia da religião. Reciprocamente, fazer sociologia da religião implica fazer outras sociologias, porque as religiões são uma parte das sociedades globais onde surgem. Assim, em sociologia da religião, não se deve explicar o religioso pelo religioso, mas, antes, compreender como a conduta religiosa condiciona as outras atividades humanas e é por elas condicionada.[89]

A sociologia de Weber não é unilateral ou monista. Ao contrário do que se divulgou, para ela não são as ideias religiosas a determinar a conduta econômica – nem "antes pelo contrário"; não é a consciência religiosa a determinar as condições de existência nem estas a determinam. A totalidade é interativa. Weberianamente, não faz sentido (a não ser como exercício) opor interesses e ideias, conceitual e causalmente. Mesmo que ajamos por interesses, são as ideias que definem a nossa percepção do que é o nosso interesse. O calvinista tem interesse em acumular fortuna, mas porque a fortuna pode ser um sinal da sua eleição.[90]

Claro que há "condições de existência", e Weber o sabe, que moldam as concepções religiosas segundo interesses

---

[88] Aron, Raymond, *As Etapas do Pensamento Sociológico*, São Paulo, Martins Fontes, 1987, p. 491.

[89] Freund, Julien, *Sociologie de Max Weber*, Paris, P.U.F., 1968.

[90] Aron, Raymond, *As Etapas do Pensamento Sociológico*, São Paulo, Martins Fontes, 1987, p. 501.

materiais. Por exemplo, a ideia de que, para aplacar magicamente os mortos, os seus bens na totalidade deveriam acompanhá-los para sempre na tumba tinha, evidentemente, grandes consequências econômicas; por isso, foi abandonada pouco a pouco, com fases de transição (por exemplo, um período de nojo) até desaparecer. Na maioria das vezes, a adoração das divindades ctônicas, telúricas, supõe uma certa importância da agricultura, mas não sempre. Em sua remota antiguidade, entre camponeses sujeitos a secas, Jeová oferecia a chuva como recompensa aos seus seguidores. E sobre as exigências do processo de sistematização religiosa e ética, Weber pergunta: "Como podem possuir 'sabedoria' o camponês, o ferreiro, o oleiro, quando só é possível pelo ócio entregar-se à reflexão e ao estudo?"[91]

Inversamente, e sob certas condições, os "interesses" podem ser completamente postos de lado. "(...) a necessidade de salvação e a religiosidade ética podem ter outra fonte que não a situação social dos desfavorecidos e o racionalismo burguês condicionado pela situação prática da vida: o puro intelectualismo, especialmente as necessidades metafísicas do espírito, que não é levado a meditar sobre questões éticas e religiosas por nenhuma penúria material, mas, apenas, por uma força interior que o leva a compreender o mundo como um cosmos com sentido e a tomar posição perante ele."[92]

---

[91] WEBER, Max, *Economia y Sociedad*, México, Fondo de Cultura Económica, 1983, p. 331-336, 362, 405.

[92] WEBER, Max, *Economia y Sociedad*, México, Fondo de Cultura Económica, 1983, p. 399

Max Weber não perde muito tempo com a "essência" da religião; nem chega a defini-la. Remete-a para o âmbito dos "poderes 'suprasensíveis' que podem intervir no destino do homem, da mesma maneira que este intervém no do mundo exterior".[93] Os objetos, os fenômenos, deixam de ser apenas objetos e fenômenos, pois por trás deles "esconde-se algo estranho, peculiar, anímico, de que aqueles não passam de sintomas ou símbolos"; logo, em vez de "atuar nos sintomas ou símbolos, deve-se influenciar o poder que neles se exterioriza utilizando meios adequados ao 'espírito' ou à 'alma', meios que 'significam' algo: símbolos".[94] O ato "significativo" (simbólico) produz um efeito real.

A "religião" envolve-se, assim, numa maré simbólica extremamente sensível. "Todos os círculos da atividade humana são atraídos para este círculo mágico-simbólico. Por isso, toleram-se mais facilmente as grandes contradições nas questões puramente dogmáticas, inclusive nas religiões racionalistas, do que mudanças no simbolismo, as quais poderiam pôr em perigo a ação mágica do ato ou (...) até poderiam despertar a cólera do deus ou das almas dos antepassados. Questões como se se faria o sinal da cruz com dois ou três dedos foram a causa fundamental do cisma na Igreja russa do século XVII."[95] Acrescenta o autor na mesma página que "ainda hoje (princípio do século XX) se rejeita o calendário

---

[93] Weber, Max, *Economia y Sociedad*, México, Fondo de Cultura Económica, 1983, p. 330.

[94] Weber, Max, *Economia y Sociedad*, México, Fondo de Cultura Económica, 1983, p. 331-332.

[95] Weber, Max, *Economia y Sociedad*, México, Fondo de Cultura Económica, 1983, p. 332.

gregoriano na Rússia porque isso implicaria abolir muitos dias santos, o que 'indisporia' os santos".

O que se "esconde" atrás dos fenômenos é fabulosamente variado, pelo que é quase impossível defini-lo sob uma única designação. Pode-se recorrer a "divino" para indicar essas entidades "suprassensíveis", mas com cuidado. Weber esclarece que há sistemas "religiosos" que não conhecem Deus: o budismo tibetano, claro, e múltiplas crenças animistas que conhecem "espíritos" benéficos ou maléficos. As formas de relação com as potências suprassensíveis também são variadas: súplica, sacrifício, adoração (que associamos a "religião" ou o "culto" sacerdotal orientado para "deuses") e coerção mágica (que associamos a "magia" de "bruxos" orientada para "demônios"). Mas o número de gradações, combinações e misturas é inquantificável.

As religiões costumam conter elementos mágicos, exorcizam; há sistemas mágicos vizinhos de "religiões", deuses passam a demônios e vice-versa (derrota de um culto, substituído por outro). E há demônio alvo de culto. Estas categorias de classificação são tipos ideais, ficções conceptuais que servem para confronto intelectual com os casos empíricos.

Idealtipicamente, o sacerdócio caracteriza-se por ter:

– funcionários profissionais que influenciam os "deuses" mediante adoração;

– um saber elaborado, uma doutrina erudita sistematicamente estabelecida e uma qualificação profissional de cariz corporativo;

– uma racionalização metafísica e ética;

– um culto regular, mobilizando um círculo especial de pessoas, uma comunidade vinculada a certas normas;

– lugares de culto fixos, com instalações específicas;

– noção de pecado.

Quanto à magia, temos:

– profissionais livres, por conta própria, que exercem coerção sobre os "espíritos" ou os "demônios", concentrada no esconjuro e a partir de dons pessoais;

– ausência de desenvolvimento conjunto da racionalização metafísica e da ética;

– um culto menos contínuo, mais "casuístico";

– menor fixação nos lugares de culto;

– noção de "sujeira".[96]

Ao lado do bruxo e do padre, surge a terceira figura típica da sociologia weberiana da religião: o profeta, "um puro portador pessoal de carisma, cuja missão anuncia uma doutrina religiosa ou um mandato divino", podendo anunciar de novo uma velha revelação ou, então, uma nova (ou é um renovador ou um fundador de nova religião). É o homem da predicação emotiva, às vezes vociferante, que pretende instaurar uma nova ordem, se não restaurar uma antiga, entretanto decaída e denunciada, baseado no seu carisma, nas suas qualidades extracotidianas, inacessíveis a qualquer outro. Pode, inclusive, usá-las para ações mágicas,

---

[96] WEBER, Max, *Economia y Sociedad*, México, Fondo de Cultura Económica, 1983, p. 345-347.

para prodígios, mas gratuitamente. Está muito próximo do demagogo e do agitador político.[97]

De certo modo, é o oposto do sacerdote: é a ruptura e não a continuidade; a graça gratuita e não o serviço pago; a inspiração e não a administração; o círculo de companheiros/discípulos e não o aparelho burocrático de funcionários de carreira (os discípulos não têm carreira e ocupam as funções por confiança pessoal); é criador de normas e/ou exemplos e não o zeloso cumpridor de regulamentos; o improvisador na vida do dia-a-dia e não o gestor racional de bens acumulados ("Olhai os lírios do campo": vive de mecenas, de práticas mendicantes, do saque, eventualmente de rendas, mas não da gestão econômica; se há gestor, Ele é Deus).

Por isso, o profeta reformador que surge numa igreja para restaurá-la mantém com ela, com o clero, uma relação tensa, um discurso ambíguo, porque *é contra a igreja porque é a favor da igreja*. É contra os regulamentos, a doutrina recente, os costumes decadentes, o *statu quo*, a relação de forças instalada – e isso é difícil (inclusão/exclusão). Além do mais, e acima do mais, ele é portador de um dom pessoal que o qualifica carismaticamente, o que choca com os princípios de uma corporação que reivindica para si mesma o carisma, servida por funcionários portadores, apenas, do carisma de função. Por vezes, enfrenta o cânone estabelecido: "Está escrito, mas... em verdade vos digo...".

A revelação profética aponta para uma visão unitária da vida: todos os acontecimentos e fenômenos têm, para

---

[97] WEBER, Max, *Economia y Sociedad*, México, Fondo de Cultura Económica, 1983, p. 356-357, 360.

o profeta, um "sentido" dentro do seu sistema unitário. Ele inspira e propõe um modo de vida submetido a uma concepção religiosa do mundo, do cosmos. O profeta é um foco de tensão com o "mundo".[98]

Weber distingue dois tipos de profetas:

– o *ético*, que é um instrumento, um porta-voz de Deus, cuja vontade anuncia e que estabelece a obediência como um dever moral (típico do Próximo Oriente) – Maomé, por exemplo;

– o *exemplar*, que teve acesso à verdade (revelação) e indica aos demais o caminho da salvação religiosa, sem, contudo, aludir na sua predicação a um encargo divino ou a um dever moral de obediência; dirige-se apenas ao próprio interesse de quem necessita de salvação, apontando-se como exemplo (típico da Índia e da China) – Buda, por exemplo.[99]

A sua tensão com o "mundo" (subalterno à ordem "cósmica", superior) não o vocaciona para a intervenção especificamente política. O seu interesse político, a existir, é o de subjugar o "mundo" à ordem superior e apontar-lhe o caminho da salvação. O grande profeta, o que tem sucesso, que congrega uma ampla comunidade "territorial", possui, contudo, uma preocupação especial com a política externa,

---

[98] WEBER, Max, *Economia y Sociedad*, México, Fondo de Cultura Económica, 1983, p. 363-364.

[99] WEBER, Max, *Economia y Sociedad*, México, Fondo de Cultura Económica, 1983, p. 361-362.

"como palco da ação do seu deus":[100] a expansão faz-se para o exterior, do exterior vêm fortes ameaças (inclusive militares).

"Jesus não está interessado em absoluto nas reformas sociais enquanto tais" (*ibidem*). Maomé promoveu uma "política social" continuada acerrimamente por Omar, mas com o fito primeiro "na união dos crentes para a luta exterior, a fim de conservar a maior massa de guerreiros de Deus".[101]

O profeta não sobrevive. A profecia pode ou não sobreviver. Se sobrevive, estabelece-se, isto é, torna-se "estabelecida", "banalizada", o que contradiz a sua "natureza" original de ruptura revolucionária, agitação, crise (efervescência, diria Durkheim). Não admira que, periodicamente, apareçam profetas/renovadores para renovarem a profecia original.

A profecia estabelecida toma uma de duas formas: religião tradicional ou religião burocrática/sacerdotal. Ou, então, mistura-as. A perda do carisma, com a morte do profeta, gera a necessidade de o recuperar e manter. As soluções engendradas são várias.

A mais perfeita parece ser a que faz re-encarnar a alma do profeta em outro corpo – caso do Dalai Lama.

Outra solução é a da qualidade do sangue, inerente à linhagem (carisma hereditário). Nesse caso, a liderança é

---

[100] WEBER, Max, *Economia y Sociedad*, México, Fondo de Cultura Económica, 1983, p. 359.

[101] WEBER, Max, *Economia y Sociedad*, México, Fondo de Cultura Económica, 1983, p. 359.

de direito próprio do sucessor designado pelas regras, ao qual pode faltar por completo o carisma pessoal. O xiismo aproxima-se desse princípio.

Ocorre, ainda, a designação do sucessor por parte do quadro administrativo carismaticamente qualificado. O Papa é escolhido assim, depois de o primeiro ter sido designado diretamente pelo próprio profeta (Cristo), combinando esta solução com outra: o "dom de graça da instituição", que hierurgicamente é agraciada com o testemunho do carisma original.[102]

Lutero e Calvino não foram, diz Weber, profetas: não falaram em nome de uma revelação ou de um mandato divino pessoal e expresso. Platão tampouco o foi: faltou-lhe, pelo menos, a predicação emotiva.[103]

Para o autor, toda a necessidade de salvação é expressão de uma indigência que, podendo ser econômica e/ou social, também pode não o ser. Coloca, aí, a questão de saber o que as religiões devem fornecer às diferentes camadas sociais. É impossível apresentar um "algoritmo" que tipifique as respostas às necessidades dos crentes segundo as respectivas posições e condições socioeconômicas. Adiantarei, só, meia dúzia de linhas gerais.

Partamos da divisão entre camadas privilegiadas (social e economicamente), por um lado, e camadas desfavorecidas (ou "privilegiadas negativamente"), por outro. As primeiras,

---

102 Weber, Max, *Economia y Sociedad*, México, Fondo de Cultura Económica, 1983, p. 714-715.

103 Weber, Max, *Economia y Sociedad*, México, Fondo de Cultura Económica, 1983, p. 360.

embora muito variadas, partilham em geral a necessidade de legitimação do seu privilégio – uma espécie de sociodiceia. A um homem feliz não lhe basta a sua felicidade; quer o "direito" a essa felicidade, merecê-la, face ao infeliz (que também merecerá o que tem).[104]

A necessidade dos desfavorecidos é a oposta. "A sua necessidade específica consiste em salvar-se dos sofrimentos." Nem sempre assume forma religiosa – caso do proletariado moderno. Mas, quando existe, costuma associar-se a outra necessidade: a da "retribuição justa" para as boas obras próprias e para as injustiças alheias. A retribuição extraterrena, frequentemente sob forma de ordem invertida ("os últimos serão os primeiros"), é muito diversificada. Também ocorre a retribuição pós-morte na terra. O pária hindu deixa intocada a ordem social para poder salvar-se pela retribuição e re-encarnar promovido. Eis, afirma Weber, "a solução formalmente mais perfeita do problema da teodiceia" – a doutrina "Karma" da Índia, com a crença na transmigração das almas e a respectiva retribuição das obras passadas. "O indivíduo cria o seu próprio destino, exclusivamente, no sentido mais rigoroso."[105] Ali não há inocentes nem vítimas. Teríamos aqui a domesticação dos dominados.

Diferente é a "religiosidade de sofrimento imerecido", em que a dor, em si mesma, implica esperanças de

---

[104] WEBER, Max, *Economia y Sociedad*, México, Fondo de Cultura Económica, 1983, p. 393.

[105] WEBER, Max, *Economia y Sociedad*, México, Fondo de Cultura Económica, 1983, p. 416.

retribuição por ser imerecida. Então, a dor torna-se algo religiosamente valioso.

Vulgar é, também, a "religiosidade de ressentimento", que é de retribuição. É o caso dos judeus; aliás, não existe outra religião, dotada de um deus universal, com uma sede de vingança tão forte quanto a expressa por Jeová[106]. O ressentimento tanto pode ser de "classe" como nacional (caso israelita).

Porém, é com a passagem às "genuínas camadas burguesas" que se exibem "os mais fortes contrastes" de "atitude religiosa", ainda maiores na "pequena burguesia", nos "artesãos" de todos os tempos e religiões históricos, alguns tão modestos que talvez não se possa chegar a rotular de pequeno-burgueses.[107]

O esquema complica-se mais se considerarmos os intelectuais – muito diversos, inclusive na origem – e as suas necessidades que abrangem a de sistematização e de ética. Produziram ética, racionalização, tolerância humanista, indiferença, agressividade (Luzes), concorrência profana.[108]

Tema comum na sociologia weberiana das religiões é o da oposição entre virtuosos e simples fiéis (ou massas). Desta fratura irrompem diferenças nas qualificações reli-

---

[106] Weber, Max, *Economia y Sociedad*, México, Fondo de Cultura Económica, 1983, p. 395-397.

[107] Weber, Max, *Economia y Sociedad*, México, Fondo de Cultura Económica, 1983, p. 383-389. Costa, Joaquim, *Sociologia dos Novos Movimentos Eclesiais – focolares, carismáticos e neocatecumenais em Braga*, Porto, Afrontamento, 2006, p. 70.

[108] Weber, Max, *Economia y Sociedad*, México, Fondo de Cultura Económica, 1983, 2ª parte, cap. V. Freund, Julien, 1968, *Sociologie de Max Weber*, Paris, P.U.F., 1968, p. 176-177.

giosas e, entre os virtuosos, uma desconfiança do mundo – fonte de pecado e queda – muitas vezes extensiva à economia.[109] Foi a necessidade de adaptação às necessidades das massas que levou todas as grandes religiões, exceto o judaísmo e o protestantismo, a adotar ou recuperar o culto dos santos; fizeram-no, diferentemente, o confucionismo, o budismo, o islamismo, o catolicismo. O budismo tolera "divindades" dos países para onde se expandiu (subordinadas a Buda); o islamismo e o cristianismo católico "tiveram de admitir, na qualidade de santos, deuses locais, deuses funcionais e deuses profissionais, a que se dirige a devoção cotidiana genuína das massas".[110]

Protestantismo e Capitalismo: afinidades eletivas

Uma das mais célebres obras de Max Weber é *A Ética Protestante e o Espírito do Capitalismo*. Tomamo-la aqui como exemplar de dois princípios definidos atrás, no início deste capítulo: o das afinidades *eletivas* e o de que fazer sociologia de uma sociedade implica fazer sociologias específicas, incluindo a da sua religião (e vice-versa).

No caso em apreço, seria para o autor uma lamentável omissão que a sociologia do capitalismo ocidental moderno

---

[109] WEBER, Max, *Economia y Sociedad*, México, Fondo de Cultura Económica, 1983, p. 188-189.

[110] WEBER, Max, *Economia y Sociedad*, México, Fondo de Cultura Económica, 1983, p. 391.

não incluísse o estudo das formas religiosas protestantes envolvidas nas suas primeiras vanguardas históricas. Mais precisamente, Max Weber detectou uma *afinidade eletiva* entre, por um lado, os mais dinâmicos primeiros capitalistas dos séculos XVII e XVIII e, por outro, a constelação *puritana* (de origem calvinista e incluindo pietistas, metodistas e batistas). Mas deixou claro que não atribuía nexo de causalidade a essa afinidade, a qual, aliás, poderia ser estabelecida quer num sentido quer no sentido inverso. Houve comunidades que enriqueceram após a conversão puritana, tal como houve outras que se converteram quando já tinham enriquecido o bastante para se destacarem das outras.

Embora a Alemanha não fosse o paradigma de sociedade calvinista, Weber começa *A Ética Protestante e o Espírito do Capitalismo* referindo estatísticas do seu país e constatando existir correlação positiva entre confissão protestante e estatuto socioeconômico (*status* e riqueza). Destaca, então, duas realidades nascentes na modernidade europeia e, depois, norte-americana: o capitalismo "racional" e o protestantismo, sobretudo calvinista. E insiste no caráter moderno do capitalismo para especificá-lo – não se trata do "capitalismo" aventureiro antigo, nem da sede de lucro dos grandes potentados comerciais de todos os tempos, tampouco da pura especulação não produtiva ou da contínua avidez da riqueza ostentatória. Trata-se, sim, do capitalismo propriamente dito, assente na organização empresarial racional, na contabilidade rigorosa, no cálculo permanente, no planejamento do trabalho como qualquer outro custo de produção (formalmente livre, baseado na flexibilidade de contratação/demissão, o que, em si, é "racional", quer dizer, liberta a empresa dos custos fixos inerentes à posse permanente de escravos ou servos), na contenção de despesas, na acumulação ilimitada, no reinvestimento produtivo dos lucros para gerar mais lucros a serem de novo investidos com fins produtivos.

Como foi dito, Weber vislumbrou uma notável afinidade entre este idealtipo socioeconômico e uma forma particular de *ethos* religioso, resultando daí um estímulo recíproco entre ambos, que se revelariam receptivos um ao outro. Mas a componente religiosa sofreu uma espécie de dupla transfiguração: emancipou-se do calvinismo original (cerca de um século e meio anterior) e acabou, com o tempo, por secularizar-se, isto é, parte importante dos seus herdeiros, volvido outro século e meio, perdeu consciência daquela gênese religiosa.

O vínculo entre sagrado e secular é bilateral e, em um dos sentidos, tem fonte na teologia calvinista da predestinação. Deus transcendente é insondável e onisciente. Como tal, é necessário Ele não ignorar o destino que nos espera – salvação ou danação. Ou seja, esse pré-destino é predestinação de Deus onipotente, cujos seres servem para a sua glória, e só, expressa na sentença da criação: frutificai, reinai sobre toda a terra e submetei-a. Abraão, o Patriarca abençoado, "era muito rico em rebanhos, prata e ouro" (Gn 13,2). Como vencer a angústia da incerteza quanto à sorte que Deus reservou a cada um? Desvelando os sinais de uma possível graça divina até à obtenção da profunda convicção, a *certitudo salutis* de quem labora *in majorem Dei gloriam* e recebe os frutos da promessa abraâmica. Quem assim é agraciado pertence aos eleitos. Mas não esqueçamos: o mundo e as suas riquezas existem para a glória de Deus e não para as suas criaturas (o que seria idolatria).

A própria certeza da salvação é a graça divina – a sua falta é indício de graça insuficiente e, talvez, de tentação diabólica.[111]

E passamos a um cenário dos *electi*, descrito por Weber, feito de obsessão aquisitiva/reprodutiva tremenda e, em simultâneo, ascética ao extremo, antissensual, austera, aforradora. O que antes era *turpitudo* (Santo Tomás de Aquino) – a procura do ganho – torna-se vocação virtuosa,[112] o que era avareza – acumulação ilimitada – torna-se fruto de bênção e semente de novas bênçãos.

"Em vez dos pecadores humildes a quem Lutero concede clemência quando se confiam arrependidos a Deus, criam-se os 'santos' seguros de si mesmos que encontramos nos mercadores puritanos, duros como aço, do tempo heroico do capitalismo e até mesmo em exemplares isolados do presente."[113]

A obra feita passa a ser o "meio técnico"[114] que certifica o estatuto de "eleito". E temos, assim, o quadro de

[111] Weber, Max, *A Ética Protestante e o Espírito do Capitalismo*, Lisboa, Presença, 1983ª, p. 96.

[112] Weber, Max, *A Ética Protestante e o Espírito do Capitalismo*, Lisboa, Presença, 1983ª, p. 49.

[113] Weber, Max, *A Ética Protestante e o Espírito do Capitalismo*, Lisboa, Presença, 1983ª, p. 96.

[114] Weber, Max, *A Ética Protestante e o Espírito do Capitalismo*, Lisboa, Presença, 1983ª, p. 98.

ação composto pelo autor: trabalho incessante (exceto ao "domingo"), negação do ócio e do prazer, recusa da contemplação e dos labirintos místicos (ociosos), ganhos sucessivos como meio de obter novos ganhos, frugalidade no consumo, limitação dos afetos e dos sentimentos; no fim, para fechar o círculo... mais trabalho árduo, sempre, pois a riqueza não desobriga – pelo contrário, aconselha vigilância especial à tentação da preguiça. Em rigor, não se trata de uma ética para empresários, mas, antes, para todos, transclassista, já que também os trabalhadores devem respeitá-la com escrúpulo, assumir a sua vocação com brio, contribuir para a glória de Deus.

Note-se o caráter "racional" e sistemático desse empreendimento, tal e qual reconstituído por Weber, incompatível com a casuística errante das boas ações e com a "oscilação católica, bem humana, entre pecado, arrependimento, penitência, purificação, novo pecado",[115] em jeito de conta corrente negociada com Deus lançando mão de recursos mágico-sacramentais. É uma sistemática de vida, correspondente ao que o sociólogo alemão chamou o "desencantamento do mundo", bem como ao individualismo para que Raymond Aron chamou a atenção: cada crente está sozinho diante de Deus.[116]

As afinidades eletivas entre a ascética puritana e o capitalismo residiriam na adequação de um corpus psicoló-

---

[115] WEBER, Max, *A Ética Protestante e o Espírito do Capitalismo*, Lisboa, Presença, 1983ª, p. 100.

[116] ARON, Raymond, *As Etapas do Pensamento Sociológico*, São Paulo, Martins Fontes, 1987, p. 499.

gico extremamente poderoso a um conjunto de exigências funcionais do modelo socioeconômico então emergente. Basta pensarmos no requisito necessário ao arranque de um regime econômico: a acumulação primitiva que o sustente. A *ética protestante* tê-la-á facilitado ao legitimar a extração de recursos, tanto no capital como no trabalho, extração essa que santificou e canalizou para o montante global de recursos financeiros para investimento.

Dificilmente se poderia imaginar fora desse contexto os "trabalhadores sóbrios, conscienciosos e invulgarmente aplicados"[117] que serviam empresários tão sóbrios como eles, compulsivamente adversos ao esbanjamento (por isso, com crédito na praça). O autor chega a usar o termo marxista de "mais-valia" ao falar de massas educadas para o trabalho e convictamente exploradas em condições desumanas.[118]

Terá sido tal ética protestante que na Suíça, nos Países Baixos, em parte da Grã-Bretanha e em numerosas comunidades dos Estados Unidos interagiu positivamente com algumas vanguardas do moderno capitalismo que se expandiram. Não terá sido, com exatidão, sua causa, nem, de resto, sua consequência. Foi-lhe afim e o estimulou, mas não lhe foi condição necessária nem suficiente.

A tese weberiana causou polêmica e recebeu críticas várias. Foram-lhe apontados erros, enviesamentos e conclu-

---

[117] WEBER, Max, *A Ética Protestante e o Espírito do Capitalismo*, Lisboa, Presença, 1983ª, p. 133.

[118] WEBER, Max, *A Ética Protestante e o Espírito do Capitalismo*, Lisboa, Presença, 1983ª, p. 195-196.

sões precipitadas. Por exemplo, Weber ter-se-á deixado influenciar em excesso pela viagem que fez aos Estados Unidos e pelas comunidades puritanas que aí conheceu (herdeiras das primitivas), o que, hipoteticamente, o levou a ignorar ou a desconsiderar outras correntes puritanas, muito diferentes das retratadas na sua obra. Foram-lhe também apontadas lacunas de informação histórica que, se não existissem, lhe teriam mostrado comunidades não puritanas (luteranas, católicas, anglicanas, judias) portadoras de um capitalismo tão progressivo quanto o puritano. E, do ponto de vista econômico, terá negligenciado o papel que o consumo desempenhou na sustentação do capitalismo.

Pequeno léxico weberiano

Religião ritual ou "da Lei" – aceita o mundo e tenta adaptar-se-lhe. O problema do sentido do mundo é secundário e o utilitarismo impede a ascese e a mística. A Lei é tradição e impõe-se totalmente. A moral confina-se a preceitos e regras puramente práticos. Exemplos: o confucionismo chinês e, em parte, o judaísmo talmúdico.

Religião de convicção ou de salvação – orientada para a salvação, em tensão com o mundo, cujo sentido perscruta. Desenvolve a ética, em virtude do profetismo ou do carismatismo. Gera discípulos, companheiros, missionação, comunidades, paróquias. Pode decair no ritualismo sob ação da rotinização e de padres-funcionários; a influência de intelectuais humanistas pode também lhe reduzir o caráter profético e carismático e concentrá-lo em preceitos morais, mais humanos e menos transcendentais. Seria o que aconteceu, suponho, com a "religião da humanidade" durkheimiana (de influência comtiana) e, atualmente, com a estudada por Luc Ferry.

Religião soteriológica – religião de salvação que crê num salvador, seja intermediário entre o humano e o divino, seja autoidentificado à divindade. Exemplos: cristianismo e islamismo. Opõe-se, nas religiões de salvação, à *simples religião de salvação* (budismo, por exemplo).[119]

Ascetismo – atitude religiosa rigorista em que o crente é um instrumento de Deus, da sua vontade e da sua moral. A austeridade leva à submissão dos impulsos naturais, à sistematização da vida e à crítica da vida social pecadora da comunidade. O mundo é tentação, lugar dos prazeres sensuais. O asceta é disciplinado e ativo – a preguiça é pecado. Deus deu-nos as coisas para as usarmos, como coroa da Criação que somos – "fomenta sempre um racionalismo prático", metódico, racional. O asceta é um virtuoso ativo.

Pode ser extramundano, negador do mundo, como aconteceu com alguns monges católicos. E pode ser intramundano e atuar no mundo, o qual é uma obrigação imposta por Deus, "massa perditionis" mas, igualmente, missão na luta contra o pecado, como acontece com o puritano. Para este, a ação é uma vocação, com parcimônia

[119] Cf. Freund, Julien, *Sociologie de Max Weber*, Paris, P.U.F., 1968, p. 154-167.

nos gastos, gestão rigorosa, moderação dos sentimentos por outros seres humanos (não divinização das criaturas), matrimônio tão casto quanto possível e recusa dos excessos. O asceta intramundano deve cultivar a incapacidade de filosofar acerca do "sentido" do mundo.[120]

Misticismo – atitude religiosa em que o crente é um receptáculo de Deus, movido pela busca do repouso no divino, com pendor contemplativo – não atuar, não se atormentar com o pensamento racional meios/fins; antes enveredar pela sabedoria da contemplação. A ordem social lhe é relativamente indiferente e aceita com humildade. Para o asceta, o místico é preguiçoso e pensa mais em si do que em Deus. Para o místico, o asceta atormenta-se num vão frenesim imerso em todas as tensões da vida e em compromissos nada santificadores.

O misticismo tende a ser extramundano, de que o monge cristão contemplativo é um exemplo; o monge budista também ("não atuar", "não desejar", "morrer mentalmente cada dia"). Mas pode ser "intramundano", encarando o mundo como criação de Deus onde vive em estado de graça, em atividade mínima, incógnito entre os "silenciosos da terra". As fronteiras entre essas categorias são fluidas.[121]

---

120 Cf. Weber, Max, *Economia y Sociedad*, México, Fondo de Cultura Económica, 1983, p. 430-434.

121 Cf. Weber, Max, *Economia y Sociedad*, México, Fondo de Cultura Económica, 1983, p. 430-434.

4

Pierre Bourdieu e o Campo Religioso

A sociologia da religião é, para Pierre Bourdieu, a sociologia do campo religioso. Esse campo é, assim, apreendido enquanto estrutura, isto é, relevando de posições e de relações entre posições.

As características das posições dependem das suas localizações relativas, são sobretudo relacionais e independentes das características dos seus ocupantes (em parte determinadas por essas posições).[122] O campo é, portanto, um espaço de relações objetivas (que o constituem), de "indivíduos" epistêmicos e não de indivíduos empíricos, de ocupantes saturados de propriedades típicas e não de pessoas singulares, únicas e irrepetíveis – as propriedades típicas o são sociologicamente e não psicologicamente.

Mais: os campos mobilizam-se em torno do seu capital específico – capital religioso, neste caso – e da sua posse. É a distribuição desigual do capital religioso que determina a posição de cada agente religioso e as suas disposições. Em

---

[122] BOURDIEU, Pierre, 1988, "Quelques Propriétés des Champs", *id.*, *Questions de Sociologie*, Paris, Les Éditions de Minuit, 1988, p. 113-120, 113.

cada momento, a estrutura do campo religioso é um estado das relações de força entre os seus agentes ou, se se preferir, um estado da distribuição do capital religioso através de lutas – a concepção bourdieuana dos campos é agonística.

Tal como nos outros campos culturais ou simbólicos, aqui a luta centra-se na posse do monopólio das posições com as máximas concentrações de capital[123] – aquelas que conferem a autoridade religiosa apta a definir a religião, o que lhe é legítimo ou ilegítimo, o que é conforme as regras e, em última instância, as próprias regras.

Procedamos por analogia com outros campos afins.

"(...) os dominantes são aqueles que conseguem impor uma definição da ciência [religião] segundo a qual a realização mais perfeita da ciência [religião] consiste em ter, ser e fazer o que eles têm, são e fazem."[124]

"Ser filósofo [teólogo] é dominar o que é preciso dominar da história da filosofia [teologia] para saber conduzir-se como filósofo [teólogo] num campo filosófico [teológico]."[125]

A arbitrariedade subjacente a esse processo conduz à noção de violência legítima, ato de imposição da verdade, mas imposição reconhecida.

"(...) a conservação do monopólio de um poder simbólico como a autoridade religiosa depende da aptidão da instituição que o detém em fazer reconhecer, por parte daqueles que dela estão excluídos, a legitimidade de sua

---

[123] Bourdieu, Pierre, "Quelques Propriétés des Champs", *id.*, *Questions de Sociologie*, Paris, Les Éditions de Minuit, 1988, p. 113-120, 114.

[124] Bourdieu, Pierre, "Le Champ Scientifique", in *Actes de la Recherche en Sciences Sociales*, n. 2/3, juin., 1976, p. 88-104, 92.

[125] Bourdieu, Pierre, "Quelques Propriétés des Champs", *id.*, *Questions de Sociologie*, Paris, Les Éditions de Minuit, 1988, p. 113-120, 119.

exclusão (ou seja, fazendo com que desconheçam o arbitrário da monopolização de um poder e de uma competência acessíveis a qualquer arrivista)."[126]

Acresce que religião não é ciência – nem, de resto, sequer teologia – e, por isso, é menos independente do que a ciência, isto é, depende mais da opinião dos leigos, o que quer dizer que é fortemente dependente do reconhecimento daqueles sobre quem se exerce.

Enquanto campo simbólico, a religião também possui doxa: "(...) conjunto de pressupostos que os antagonistas admitem como evidentes, aquém de toda a discussão, porque constituem a condição tácita de toda a discussão: a censura que a ortodoxia exerce – e que a heterodoxia denuncia – esconde uma censura mais radical, e também mais invisível porque constitutiva do próprio funcionamento do campo"; " (...) o não discutido e o não pensado tacitamente mantidos fora dos limites da luta".[127]

Não espanta, agora, que para Pierre Bourdieu o campo religioso seja um campo de relações de força decorrentes de processos agonísticos e que o fato religioso seja expressão de posições sociais. Tampouco espanta a "hipótese necessária" de que, se existe gênese social da religião, então as classes sociais devem ser incluídas na sociologia da religião.[128]

---

[126] Bourdieu, Pierre, 1987, "Gênese e Estrutura do Campo Religioso", *id.*, *A Economia das Trocas Simbólicas*, São Paulo, Perspectiva, 1987, p. 27-78, 61.

[127] Bourdieu, Pierre, "Le Champ Scientifique", in *Actes de la Recherche en Sciences Sociales*, n. 2/3, juin., 1976, p. 88-104, 100.

[128] V., por exemplo, Bourdieu, Pierre, "Gênese e Estrutura do Campo Religioso", *id.*, *A Economia das Trocas Simbólicas*, São Paulo, Perspectiva, 1987, p. 27-78, 33-34, 49, 50, 57-58.

O mesmo se diga em relação à posição de Bourdieu face à "fenomenologia da religião", que concebe a experiência religiosa como algo tão íntimo, tão vívido e inefável, que é irredutível a funções e a formas de saber externas; corrige o nosso autor: que "condições sociais (...) devem ser preenchidas para que seja possível esta experiência vivida"?[129]

A religião é vista, muitas vezes, em dualismo: ou forma de conhecimento e de comunicação ou, então, puro reflexo da estrutura social; noutro nível: ou autonomia absoluta ou reducionismo. É preciso, diz Bourdieu, "escapar à alternativa simplista" aqui expressa, e, aí, reconhece a importância do trabalho de Weber, embora o considere mitigado. A radicação social da experiência religiosa, já abordada acima, e que é um postulado bourdieuano, passa por instituições religiosas, com produtores especializados geradores de interesses próprios de corpo profissional, e cria-se aqui o princípio da autonomia relativa da religião (Marx tinha opinião parecida).[130]

O principal da crítica a Weber prende-se ao que Bourdieu chama de "metodologia interacionista" "das relações entre os agentes religiosos", apontada sobretudo a "uma teoria psicossociológica do carisma como relação vivida do público com o personagem carismático" enquanto pessoa extraordinária em virtude de uma "qualidade misteriosa" sua, como um dom que é reconhecido – e basta.[131] Ora, isto é "representação ingênua

[129] Bourdieu, Pierre, "Gênese e Estrutura do Campo Religioso", *id.*, *A Economia das Trocas Simbólicas*, São Paulo, Perspectiva, 1987, p. 27-78, 49.

[130] Bourdieu, Pierre, "Gênese e Estrutura do Campo Religioso", *id.*, *A Economia das Trocas Simbólicas*, São Paulo, Perspectiva, 1987, p. 27-78. 32-33-37.

[131] Bourdieu, Pierre, "Apêndice I: Uma Interpretação da Teoria da Religião de Max Weber", *id.*, *A Economia das Trocas Simbólicas*, São Paulo, Perspectiva, 1987ª, p. 79-98, 81-92.

do carisma", quase uma "criação ex-nihilo de capital religioso", recaída na ideologia do dom ou da inspiração.[132]

Tal como em relação à experiência religiosa, cabe perguntar das condições sociais da profecia. "Para acabar de vez com a representação do carisma como propriedade associada à natureza de um indivíduo singular, seria preciso ainda determinar, em cada caso particular as características sociologicamente pertinentes de uma biografia singular que tornam um determinado indivíduo *socialmente* predisposto a sentir e a expressar com uma força e uma coerência particulares certas disposições éticas ou políticas já presentes, em estado implícito, em todos os membros da classe ou do grupo de seus destinatários."[133]

É verdade que Weber intuira, de modo menos rígido, essa ideia de Bourdieu, ligando o poder carismático, na sua gênese, a "situações exteriores inauditas", a uma "excitação comum a um grupo de homens, suscitada por alguma coisa extraordinária".[134] Marcel Mauss deu um passo adiante: "fomes e guerras suscitam profetas, heresias: contatos violentos (...), mestiçagens de sociedades inteiras (é o caso da colonização) fazem surgir forçosamente *novas ideias* e *novas tradições* (...). Não se deve confundir essas

[132] BOURDIEU, Pierre, "Gênese e Estrutura do Campo Religioso", *id.*, *A Economia das Trocas Simbólicas*, São Paulo, Perspectiva, 1987, p. 27-78, 55.

[133] BOURDIEU, Pierre, 1987, "Gênese e Estrutura do Campo Religioso", *id.*, *A Economia das Trocas Simbólicas*, São Paulo, Perspectiva, 1987, p. 27-78. 74. V. Tb. BOURDIEU, Pierre, "Apêndice I: Uma Interpretação da Teoria da Religião de Max Weber", *id.*, *A Economia das Trocas Simbólicas*, São Paulo, Perspectiva, 1987ª, p. 79-98, 93-94.

[134] BOURDIEU, Pierre, 1987, "Gênese e Estrutura do Campo Religioso", *id.*, *A Economia das Trocas Simbólicas*, São Paulo, Perspectiva, 1987, p. 27-78, 74.

causas coletivas, orgânicas, com a ação dos indivíduos que delas são muito mais intérpretes do que senhores. Não se deve, portanto, opor a *invenção individual* ao *hábito coletivo*. Constância e rotina podem ser obra de indivíduos, inovação e revolução podem constituir a obra de grupos, de subgrupos, de seitas, de indivíduos agindo por e para os grupos".[135]

Remata Bourdieu: "Em resumo, o profeta não é tanto o homem 'extraordinário' de que falava Weber, mas o homem das situações extraordinárias, a respeito das quais os guardiães da ordem pública não têm nada a dizer, pois a única linguagem de que dispõem para pensá-las é a do exorcismo".[136] O profeta é o homem dos períodos de crise (enquanto o sacerdote é o da ordem ordinária), manifesta ou latente, que "traz ao nível do discurso ou da conduta exemplar, representações, sentimentos e aspirações que já existiam antes dele, embora de modo implícito, semiconsciente ou inconsciente (...) ('Tu não me procurarias, se não me tivesses achado')".[137]

A profecia, sendo um sinal, "nada" traz de novo – revela algo pré-existente, em que fermenta (a análise erudita do

---

[135] Oeuvres, III, apud. BOURDIEU, Pierre, 1987, "Gênese e Estrutura do Campo Religioso", *id.*, *A Economia das Trocas Simbólicas*, São Paulo, Perspectiva, 1987, p. 27-78, 74.

[136] BOURDIEU, Pierre, 1987, "Gênese e Estrutura do Campo Religioso", *id.*, *A Economia das Trocas Simbólicas*, São Paulo, Perspectiva, 1987, p. 27-78, 75.

[137] BOURDIEU, Pierre, "Apêndice I: Uma Interpretação da Teoria da Religião de Max Weber", *id.*, *A Economia das Trocas Simbólicas*, São Paulo, Perspectiva, 1987ª, p. 79-98, 92-93. V. Tb. BOURDIEU, Pierre, 1987, "Gênese e Estrutura do Campo Religioso", *id.*, *A Economia das Trocas Simbólicas*, São Paulo, Perspectiva, 1987, p. 27-78, 73-74.

discurso profético pode prová-lo). O que o faz revelar-se, tornar-se significativo, é a inquietação ou a agitação dos períodos de crise "envolvendo sociedades inteiras; ou então apenas algumas classes. O profeta "é o produto do trabalho coletivo", como diz o autor a respeito das ideologias com eficácia histórica.[138] Isto é pura sociologia estrutural, diria Anthony Giddens.

Vejamos um exemplo dessa mecânica numa correspondência entre posições e predisposições: o baixo clero e o seu papel histórico na produção de heresias. O baixo clero, por ocupar uma posição dominada na hierarquia do aparelho eclesiástico dominante, concentra em si, nesta ambiguidade, as contradições em confronto no campo religioso. Socialmente, a sua origem é modesta; religiosamente, partilha traços dominantes e dominados – dominados, e só isso, na hierarquia do aparelho, que conhece bem, o que facilita o acesso àquela indignação típica dos hereges perante a atribuição da autoridade religiosa sem ter em conta a santidade dos seus detentores. "(...) em virtude de sua posição *inconsistente* na estrutura social, dispõem [os membros do baixo clero] de um poder de crítica que lhes permite dar à sua revolta uma formulação (quase) sistemática e servir de porta-vozes às classes dominadas."[139]

Outro exemplo. Numa classe ou numa sociedade, em que as condições de vida são marcadas pela urgência

---

[138] Bourdieu, Pierre, "Gênese e Estrutura do Campo Religioso", *id.*, *A Economia das Trocas Simbólicas*, São Paulo, Perspectiva, 1987, p. 27-78, 64, 73-74.

[139] Bourdieu, Pierre, "Gênese e Estrutura do Campo Religioso", *id.*, *A Economia das Trocas Simbólicas*, São Paulo, Perspectiva, 1987, p. 27-78, 65.

econômica, a moral tende a orientar-se por um formalismo prático de "toma lá dá cá". Em paralelo, as relações com o sobrenatural não fogem muito a esta lógica de urgência. Só outras condições permitirão regras intrinsecamente diferidas. "(...) a representação da relação entre o homem e as forças sobrenaturais que as diferentes religiões propõem *não pode ultrapassar os limites* impostos pela lógica que rege a troca de bens no grupo ou na classe em questão."[140]

Por isso, diz Bourdieu, a religião transfigura o mundo: "reproduz sob uma forma transfigurada e, portanto, irreconhecível, a estrutura das relações econômicas e sociais vigentes em uma determinada formação social",[141] formulação que lembra a de Marx acerca do Estado burguês: reflete, de forma distorcida, a sociedade civil, o que impede partir desta e deduzir aquele; o mesmo, concluo eu, para a teoria da religião de Bourdieu: não é possível deduzir uma religião a partir de um tipo de sociedade, embora haja afinidades entre as duas esferas.

O profeta, visto atrás, é parte de um esquema teórico que propõe uma economia da religião: oferta, procura (demanda?), produtores, consumidores, intermediários, concorrência.

Digamos que o mercado oscila entre dois extremos: "a monopolização completa da produção religiosa por especialistas" e "o autoconsumo religioso" (a grande ameaça aos

---

[140] Bourdieu, Pierre, "Gênese e Estrutura do Campo Religioso", *id.*, *A Economia das Trocas Simbólicas*, São Paulo, Perspectiva, 1987, p. 27-78, 47.

[141] Bourdieu, Pierre, "Gênese e Estrutura do Campo Religioso", *id.*, *A Economia das Trocas Simbólicas*, São Paulo, Perspectiva, 1987, p. 27-78, 46.

produtores do mercado).[142] Temos aqui duas formas-limite de distribuição do capital religioso. A dinâmica do campo faz-se na base das relações de transação entre os produtores/especialistas e os consumidores/leigos e das relações de concorrência entre os diferentes especialistas.

Uma igreja, enquanto empresa burocratizada de bens religiosos, "tende a impedir de maneira mais ou menos rigorosa a entrada no mercado de novas empresas de salvação (como, por exemplo, as seitas e todas as formas de comunidade religiosa independentes), bem como a busca individual de salvação (por exemplo, através do ascetismo, da contemplação e da orgia). Ademais, a Igreja visa conquistar ou preservar um monopólio mais ou menos total de um capital de graça institucional ou sacramental (...) pelo controle do acesso aos meios de produção, de reprodução e de distribuição dos bens de salvação (...)".[143] Delega a autoridade nos seus funcionários e, de entre estes, o monge – o menos burocratizado – é secundarizado.

O profeta é, então, um empresário independente de salvação, "cuja pretensão consiste em produzir e distribuir bens de salvação de um tipo novo e propensos a desvalorizar os antigos – tarefa para a qual conta exclusivamente com a sua 'pessoa' como única caução ou garantia na falta de qualquer capital inicial". Ele compete diretamente com o sacerdote, no terreno deste, contestando o seu

---

[142] BOURDIEU, Pierre, "Gênese e Estrutura do Campo Religioso", *id.*, *A Economia das Trocas Simbólicas*, São Paulo, Perspectiva, 1987, p. 27-78, 40.

[143] BOURDIEU, Pierre, "Gênese e Estrutura do Campo Religioso", *id.*, *A Economia das Trocas Simbólicas*, São Paulo, Perspectiva, 1987, p. 27-78, 58.

monopólio, produzindo doutrina concorrente; por isso é "herético".[144]

O feiticeiro, também empresário independente, tende a trabalhar por encomenda e não produz bens de um tipo novo – são bens "tradicionais", de âmbito parcial e imediato, como técnicas de cura e não como "cura de almas".

A radicação sociológica da religião implica que a recepção dos bens religiosos, das mensagens religiosas, varie segundo os *habitus* dos receptores. Há, mais do que interpretação dos bens, reinterpretação.

"Quanto maior for a distância econômica, social e cultural entre o grupo dos produtores, o grupo dos divulgadores e o grupo dos receptores, tanto mais ampla a reinterpretação." Daí que uma *grande religião* seja, de fato, *muitas religiões*, "sob a capa de um mínimo de dogmas e ritos comuns". E *um dogma* é, ainda, vários dogmas, pois é recebido sob (re)interpretações diversas, por vezes, "radicalmente opostas".[145]

Uma grande religião só adquire dimensão universal se tiver capacidade de adaptação à cada cultura em que se implanta, contando, para isso, com a ambiguidade da profecia de origem que lhe confere a plasticidade necessária. E, quanto maior for o monopólio construído, maiores serão as concessões e os compromissos necessários à "unidade" da igreja respectiva.[146]

---

[144] BOURDIEU, Pierre, "Gênese e Estrutura do Campo Religioso", *id.*, *A Economia das Trocas Simbólicas*, São Paulo, Perspectiva, 1987, p. 27-78, 60-61.

[145] BOURDIEU, Pierre, "Gênese e Estrutura do Campo Religioso", *id.*, *A Economia das Trocas Simbólicas*, São Paulo, Perspectiva, 1987, p. 27-78, 51-53.

[146] BOURDIEU, Pierre, "Apêndice I: Uma Interpretação da Teoria da Religião de Max Weber", id., *A Economia das Trocas Simbólicas*, São Paulo, Perspectiva, 1987ª, p. 79-98, 96-97.

5

Iluminismo, racionalidade e religião

Existe uma constelação conceitual contida num conjunto de designações – modernidade, pluralismo, liberdade, secularização, ciência etc. – que intuitivamente apreendemos por oposição ao *ante*, à *era das trevas*, à *Inquisição*, à *Idade Média*, ao *feudalismo*.

A Idade Média é a *Idade do Meio*, entre a Antiguidade e a Modernidade. Grosseiramente, confunde-se com a Antiguidade Tardia e com os primeiros séculos modernos. De certa maneira, essa confusão faz sentido sociológico, se tomarmos o tempo na sua dimensão social e não exatamente cronológica: um tempo social é o das propriedades sociais que ele contém em si. Assim, pode haver "feudalismo" no século XX.

Com essas balizas, convenciona-se datar o começo do período medieval ocidental com a queda do Império Romano, mais ou menos a partir do século V d.C., e com as invasões bárbaras – godos, vândalos, hunos, alanos, suevos. O apogeu situa-se por volta dos séculos XII e XIII, a que se segue o plano descendente de uma crise acentuada dois séculos mais tarde. O fim definitivo da era varia consoante os países, mas pode-se adotar o critério de Hans Küng e ver nos princípios do século XVII a eliminação irreversível do medievalismo.

Há no processo uma certa ironia: foi neste período "bárbaro" que, a partir da derrocada de um império cristão, se fez a civilização cristã às mãos de invasores pagãos.

Constantino, na segunda década do século IV, foi invertendo a situação de perseguição imperial aos cristãos: restituiu-lhes os bens antes confiscados por Diocleciano, instituiu a liberdade religiosa, fixou a obrigatoriedade do descanso dominical (ano de 321), até que em 323 se converteu, e em 325 convocou o Concílio de Niceia.

Nos finais do século, Teodósio, *O Grande*, proibiu os ritos e cultos pagãos, equiparados a crime de lesa-majestade. O cristianismo tornou-se, de fato, na religião do Império, a Igreja na igreja estatal e a heresia em crime público. Hans Küng exclama: tão curta pode ser também a memória da Igreja. Em menos de um século passou de perseguida a perseguidora. O inimigo da Igreja passou a inimigo do Estado e a ser punido devidamente. Começaram as execuções teocráticas cristãs – Prisciliano esteve entre os primeiros. Como grande marco, ficou a noite de Natal do ano de 800, em que Leão III coroou, com o título de César, Carlos Magno, rei dos francos, bárbaro germânico, oposto ao Imperador do Oriente, que era, aos olhos dos bizantinos, o único legítimo.[147]

---

[147] KÜNG, Hans, *El Cristianismo – esencia e historia*, Madrid, Trotta, 2007, p. 198, 261.

A Idade Média cristã, se não foi um modelo de virtude aos nossos olhos contemporâneos, tampouco foi um antro de obscuridade, uma *era das trevas* primária. Não merece a aura saudosista do romantismo novecentista contra o iluminismo setecentista, nem, de resto, o opróbrio que lhe lançou o Renascimento dos séculos XV e XVI. A cristandade da intolerância inquisitorial foi, igualmente, a que gerou a ciência, o livre exame, o laicismo.

A visita a um "Museu de Arte Antiga" (muitas vezes deveria chamar-se de "Arte Medieval") esclarece-nos sobre a civilização medieval, a *era cristã*: obras magníficas na arte – arte sacra, entenda-se: pintura, escultura, ourivesaria; pode-se acrescentar música, arquitetura... Luc Ferry diz-nos que talvez fosse uma ilusão, mas terá sido uma ilusão grandiosa, apontada à imortalidade, à transcendência.[148]

Numa teocracia monoteísta, Deus é o centro e o cume, é a precedência suprema. O conhecimento de Deus precede os outros conhecimentos. Thomas Mann, em *A Montanha Mágica*, expõe a ideia pela boca de Naphta, o judeu-jesuíta erudito: "Os grandes escolásticos dos séculos XII e XIII eram unânimes na convicção de que na Filosofia não podia ser verdade o que era falso perante a Teologia. Deixemos de lado a Teologia, se assim o quiser;[149] mas uma humanidade que não reconhecesse que nas Ciências Naturais não pode ser verdade o que é falso perante a filosofia, não seria uma humanidade. A argumentação do Santo Ofício contra Galileu reduziu-se a isso: os seus princípios eram

---

[148] Ferry, Luc, *L'Homme-Dieu ou le Sens de la Vie*, Paris, Grasset, 1996, 16-17.

[149] Cedência ao interlocutor, o humanista/progressista Setembrini.

filosoficamente absurdos. Não pode haver argumentação mais incisiva".[150]

Thomas Mann elucida, assim, os termos do problema, legível apenas se ultrapassarmos o anacronismo da nossa condição de modernos.

Procedamos por analogia. Em 1971, Georges Steiner invocava Jacques Monod e conferenciava numa grande universidade americana:

"(...) a investigação genética deverá continuar se conduzir à descoberta de verdades sobre as diferenças de raças, cujas consequências morais, políticas e psicológicas estejam para além do que podemos suportar? Seremos livres de prosseguir a investigação neuroquímica ou psicofisiológica das vias que levam às regiões parcialmente arcaicas do córtex, se esse estudo der a conhecer que os ódios étnicos, a necessidade de guerra ou, pior, os impulsos de autodestruição pressentidos por Freud são hereditariamente determinados? Seria fácil multiplicar os exemplos do mesmo estilo".[151]

Voltemos a Thomas Mann e ao seu personagem Naphta, no nosso esforço de compreensão do ponto de vista medieval:

"Todos os castigos da Igreja, inclusive a fogueira, inclusive a excomunhão, foram impostos para salvar as almas

---

[150] MANN, Thomas, *A Montanha Mágica*, Lisboa, Livros do Brasil, p. 417.

[151] STEINER, George, *No Castelo do Barba Azul – Algumas notas para a redefinição da cultura*, Lisboa, Relógio d'Água, 1992, p. 138.

da pena eterna, o que não pode dizer-se do entusiasmo exterminador dos jacobinos. Permito-me observar que toda a justiça inquisitorial e capital que não brote da fé num Além é uma estupidez animal".[152]

Ou seja, na opinião do jesuíta: só a fé num Além justifica o assassínio. É a única razão que vale a pena. Matar por razões temporais "é uma estupidez animal", cupidez, cedência à carne.

"[o afeto, a família, o lar] Era precisamente deles que Naphta censurava o humanista, quando este louvava a paz e a felicidade; num tom contundente, acusava-o de *amor carnalis*, de amor às comodidades pessoais, *amor commodorum corporis*, e declarava à queima-roupa que era irreligião de filisteu conceder a menor importância à vida e à saúde."[153]

"(...) falava dos belicosos templários que julgavam mais meritório morrer na luta contra os infiéis do que morrer na cama, e para os quais matar ou ser morto por amor a Jesus não era um crime, mas a glória suprema."[154]

Apesar de, no século IV, ter passado de perseguida a perseguidora, a Igreja, diz Hans Küng, acirrou-se ao extremo na Contrarreforma, mais, até, do que no Renascimento. O século XVII será mais "obscuro" do que boa parte do medievo.

O que mais parece ter exasperado a Igreja – e não só ela – não foram ideias "religiosas"; foram, talvez, outras

---

152 MANN, Thomas, *A Montanha Mágica*, Lisboa, Livros do Brasil, p. 416.

153 MANN, Thomas, *A Montanha Mágica*, Lisboa, Livros do Brasil, p. 470.

154 MANN, Thomas, *A Montanha Mágica*, Lisboa, Livros do Brasil, p. 469.

ideias, "profanas". Copérnico (1473-1543), católico polaco-prussiano, com formação também na Itália, propôs uma teoria alternativa à ptolomaica. Do heliocentrismo passou ao geocentrismo. Kepler reforçou-a e aperfeiçoou-a. Tratava-se de um modelo que permitia explicar melhor a mecânica celeste.

Copérnico atrasou quase até à morte a publicação da obra, que permanecerá de circulação livre até 1616, quando é incluída no Index.

Os grandes problemas são criados, sim, por Galileu Galilei (1564-1642) que, armado de telescópio, confirma empiricamente a hipótese coperniciana. Ele mesmo tinha a noção daquilo em que acabava de se meter. Afirma Hans Küng: ele tinha fundado a ciência natural moderna, continuada, em sistema unitário, nesse século por Isaac Newton.[155]

Estava solta a besta. Em 1632 Galileu é notificado pela Inquisição. Não terá sido torturado, ao contrário do que é voz corrente, mas não resistiu ao cerco e no ano seguinte retratou-se do "erro" e ficou em prisão domiciliar quase até ao fim da vida, continuando as investigações da física clássica (mecânica, queda dos corpos), rodeado de um círculo de discípulos.

Já antes, em 1600, o filósofo Giordano Bruno, antigo dominicano, havia sido queimado em Roma, por heresia, apostasia e violação de votos. Simpatizante de Copérnico, adotara um panteísmo místico que difundira pela Europa – Genebra, Lyon, Toulouse, Paris, Londres, Praga. Pelo

---

[155] KÜNG, Hans, *El Cristianismo – esencia e historia*, Madrid, Trotta, 2007, p. 672-673.

caminho, aproximara-se de Calvino, com quem depressa se desentendeu. Para mal dos seus pecados, voltou à Itália. Nas malhas da Inquisição, teimou em não reconhecer qualquer erro.

Campanela passou anos e anos no cárcere até conseguir fugir em 1634 para a França. Escrevera *A Cidade do Sol*.

Claro que o cerne do problema galilaico não era o dos movimentos relativos de planetas e estrelas. Era outro. Hans Küng situa-o a outro nível e, para isso, recorre a Descartes (1596-1650), o matemático e filósofo que queria investigar tudo com toda a liberdade, usando uma dúvida metódica, radical e universal, que a fórmula "Penso, logo existo" traduz. A prova de que existo é o fato de pensar, e a prova de que penso é o fato de eu duvidar. Como diz Hans Küng, o enquadramento deve ser: "Enquanto duvido, penso; enquanto penso, existo", o que enraíza a certeza da existência na própria dúvida. E é esta autocerteza que leva à certeza de Deus. A transcendência parte da imanência. O teólogo suíço cunha Descartes como totalmente moderno.[156]

A própria ideia de perfeição atinge-se cartesianamente, racionalmente. As matemáticas, a bela exatidão da geometria analítica, induzem-na. Daí chega Descartes a Deus.

Sobre as ilusões e falsidades dos sonhos, diz ele:

"(...) enquanto assim queria pensar que tudo era falso, se impunha necessariamente que eu, que o pensava, fosse alguma coisa. E notando que esta verdade: *eu penso, logo existo*, era tão firme e tão segura (...).

---

[156] KÜNG, Hans, *El Cristianismo – esencia e historia*, Madrid, Trotta, 2007, p. 676.

Depois, examinando com atenção o que eu era e vendo que podia fingir não ter corpo algum e não existir nenhum mundo nem lugar onde eu estivesse, verificava que não podia, por isso, fingir que eu não existia".[157]

E conclui: "Se deixasse de pensar não teria qualquer razão de crer existir".

Descartes conhecia e admirava a obra de Galileu; protagonizava, como ele, a imensa corrente que instala a cultura da superioridade da razão e cujas implicações são visíveis num pormenor significativo: não foi apenas o Papa a rechaçar o trabalho de Copérnico; Lutero também o rechaçou. Aliás, Giordano Bruno também fora expulso de uma universidade protestante. Hans Küng sintetiza: o episódio de Galileu não foi um "desditoso acidente", mas um "precedente sintomático".[158]

Algo de muito profundo fermentava. Mais uma vez o judeu-jesuíta Naphta elucida-nos:

"O Renascimento, o Século das Luzes, as Ciências Naturais e as doutrinas econômicas do século XIX não se esqueceram de ensinar nada, absolutamente nada, que fosse próprio para favorecer esse aviltamento [do Homem], começando pela nova astronomia, em virtude da qual o centro do Universo, o magnífico cenário onde Deus e o Diabo disputavam a posse da criatura, foi transformado

---

[157] DESCARTES, *Discurso do Método*, Mem Martins, Europa-América, parte IV, 1977, p. 52.

[158] KÜNG, Hans, *El Cristianismo – esencia e historia*, Madrid, Trotta, 2007, p. 674.

num insignificante planetazinho, e que pôs fim, provisoriamente, à grande posição do Homem no Cosmos, sobre -a qual, de resto, se fundava igualmente a astrologia.

Provisoriamente?

(...) A Ciência sentirá a necessidade filosófica de restituir à Terra todas as honras que o dogma religioso lhe atribuía".[159]

Dando um salto no tempo, encontramos a emblemática *A Origem das Espécies*, de Charles Darwin, talvez o golpe capital no literalismo bíblico, na nobreza do cume da criação como imagem de Deus, na concepção moral da espécie humana – reduzida a uma zoologia amoral orientada pela aptidão evolutiva do mais apto e, talvez, pelo acaso. Se a Antropologia deixa de ser o cumprimento de um desígnio divino, que ordena este mundo como o celeste, por que manter uma ordem iníqua – *agora* iníqua? Iníqua quer dizer ilegítima.

O fim do conformismo temporal acompanha o fim do literalismo bíblico do Gênesis, extensível a toda a Revelação. Isto significa a corrosão da autoridade enquanto fonte inquestionada, doravante sob o crivo da dúvida, da hipótese, da razão.

A realidade deixa de ser definível por simples argumentos de autoridade, baseados num papel e num estatuto que conferem um cetro.[160] Mesmo a autoridade baseada em alguma forma de razão – ou sobretudo essa – sujeita-se a esse desgaste.

---

[159] MANN, Thomas, *A Montanha Mágica*, Lisboa, Livros do Brasil, p. 416.

[160] COSTA, Joaquim, "Sentido da Vida, Desespero e Transcendência", in *Revista Lusófona de Ciência das Religiões*, n. 12, 2007, p. 287-308.

Rui a "imaculada concepção do mundo" e do homem, para usar uma expressão de Bourdieu, Chamboredon e Passeron,[161] a partir de Nietzsche ("imaculada percepção").

Max Weber falava em "desencantamento do mundo". Ei-lo aqui. Hannah Arendt constata que a "ciência" antiga era a do espanto face às maravilhas do universo; a ciência moderna, pelo contrário, faz-se de hipóteses de trabalho.[162] Ficamos com o ônus da dúvida.

A dúvida, sobretudo a metódica, é radical. Chega a duvidar de si mesma. O ceticismo – que não era, parece, a intenção inicial de Descartes – por essência, não tem limites; ativado, mesmo que por prudência, não volta atrás e é avassalador. Destrói o "taken-for-granted".[163]

Existe uma semente niilista na modernidade que Anthony Giddens localiza no rompimento iluminista com a providência divina. Uma razão totalmente liberta não pode basear-se num alicerce inquestionado, tomado como certo e absoluto; as "verdades" mais sólidas sê-lo-ão "em princípio" ou "até ver". A crença no progresso providencial foi uma fase de transição, de que a "autoclarificação do pensamento moderno" se desembaraçou, como resto da tradição que persistia.[164]

---

[161] Bourdieu, P., Chamboredon, J.-C., Passeron, J.-C., *Le Métier de Sociologue*, Paris, Mouton, 1983, p. 56.

[162] Arendt, Hannah, "Religion et Politique", id., *La Nature du Totalitarisme*, Paris, Payot, 1996, p. 139-168, 141.

[163] Costa, Joaquim, *Sociologia dos Novos Movimentos Eclesiais – focolares, carismáticos e neocatecumenais em Braga*, Porto, Afrontamento, 2006, p. 32.

[164] Giddens, Anthony, *As Consequências da Modernidade*, Oeiras, Celta, 1992, p. 37-39.

Georges Steiner resume tudo: "(...) o agnosticismo é a igreja oficial da modernidade".[165]

A crença moderna, afirma Hannah Arendt, deu um salto da dúvida para fora dela, tal como o ateísmo. Um e outro são uma "resolução violenta, tomada de uma vez por todas".[166] O agnosticismo não dá o salto.

A própria noção de obrigação religiosa é atingida – desde logo, a autoridade que a dita é duvidosa; o sujeito da dúvida conta, antes de mais nada, com sua autonomia pessoal, oposta à heteronomia tradicional. Não foi por capricho que a Igreja de Roma tanto se opôs ao valor da autonomia de cada um, válido, em geral, no protestantismo.

O individualismo moral é outra estrela da constelação. Bem e mal não escapam à lógica moderna, que reivindica a árvore da vida, o conhecimento do bem como do mal – e o seu discernimento, a sua ponderação: eis o relativismo moral.

Daqui ao *contapropismo* – crentes por conta própria – vai um passo. A linha divisória entre fiéis e não fiéis perde clareza. Hervieu-Léger fala de *bricolage*, de um certo ecletismo, quando não de um vago sincretismo. Nomes como Vattimo e Rorty surgem hoje associados a essa religiosidade pós-moderna ou "pós-metafísica", de *pensamento débil*, que deixa de buscar *a* verdade, sobretudo se objetivada numa

---

[165] STEINER, George, *Errata: Revisões de uma Vida*, Lisboa, Relógio d'Água, 2001, p. 198.

[166] ARENDT, Hannah, "Religion et Politique", id., *La Nature du Totalitarisme*, Paris, Payot, 1996, p. 139-168, 140.

fonte de autoridade exterior ao indivíduo, o que seria, no caso de Vattimo, a expressão crente da "morte de Deus".[167]

O desconforto eclesiástico prossegue hoje. Em duas encíclicas – *O Esplendor da Verdade* (EV), de 1993, e *A Fé e a Razão* (FR), de 1998 – João Paulo II insistiu em repor *a* Verdade, isto é, a verdade não relativa mas absoluta, não matizável, não negociável, acima da moral humana ou humanista.

"O bem e o mal é Deus que os decide, não a consciência humana. A boa intenção é melhor do que a má, mas não cria o bem nem pratica sempre o bem; é necessária mas não basta. O Deus autêntico não é o Deus da autenticidade de cada um, se o tiver (EV, *passim*, part. n. 32)."[168]

A encíclica (EV) é taxativa: "Em matéria moral sensível não há lugar para a 'criatividade', para o 'cálculo técnico da proporção entre bens e males' (EV, n. 86-97, 103-108)". A "opção fundamental" é a de "obediência à verdade", sem ceder a "condescendentes doutrinas" e sem fugir a "amar as dificuldades deste mundo" (cf. EV, n. 1, 93, 120).

Isso implica colocar a realização pessoal – valor fundamental dos modernos – em seu lugar: secundário. Não é proibida pelo Papa, mas não é, não pode ser, "o critério último da vida que merece ser vivida". Uma vida de sofrimento só não pode fazer sentido se tudo acabar com a morte. Nesta eventualidade, terá sido, de fato, uma vida em vão.

---

[167] Rorty, R., Vattimo, G., Zabala, S., *O Futuro da Religião*, Coimbra, Angelus Novus, 2006.

[168] Costa, Joaquim, "Sentido da Vida, Desespero e Transcendência", in *Revista Lusófona de Ciência das Religiões*, n. 12, 2007, p. 287-308, 299.

"A realização pessoal não se detém, paralisada, perante a injunção categórica que vale para todos e para sempre, sem exceções, num rigorismo que o próprio texto encíclico sabe abrir o flanco à crítica violenta de 'intransigência intolerável', de falta de 'compreensão' e 'compaixão' diante da complexidade da vida atual, de indiferença perante formas comuns de grande sofrimento."[169]

Comte-Sponville descodifica o preceito: "Quanto mais estamos dentro do relativo (...), mais a moral parece absoluta. Quando estamos dentro do absoluto, ou à medida que acedemos a ele (...) a moral [humanista] revela-se relativa".[170] Teríamos aqui as duas éticas a que Weber chamava *da responsabilidade* e *da convicção*.

As "ciências humanas" são alvo de um juízo papal ambíguo. Se, por um lado, são conquistas do conhecimento, por outro deverão sujeitar-se ao justo discernimento – da Igreja, claro, isto é, da sua hierarquia. Repare-se: neutralidade axiológica, relativismo cultural, denúncia do etnocentrismo, desconstrucionismo, e o que *O Esplendor da Verdade* designa de falha de "dimensão normativa" adequada e "conceito empírico e estatístico de 'normalidade'" (n. 111-112; v. tb. FR, n. 84). São muitas razões, na verdade.

As ciências da religião não ficam imunes ao desgosto. Submeter os textos sagrados e Jesus ao crivo da crítica científica – arqueológica, linguística, histórica, etnográfica...

---

169 COSTA, Joaquim, "Sentido da Vida, Desespero e Transcendência", in *Revista Lusófona de Ciência das Religiões*, n. 12, 2007, p. 287-308, 300.

170 COMTE-SPONVILLE, André, FERRY, Luc, *A Sabedoria dos Modernos: Dez Questões para o Nosso Tempo*, Lisboa, Instituto Piaget, 2000, p. 186.

– é cedência excessiva à dúvida profanadora. E interpretar a hagiografia recorrendo à psicanálise – como faz Eugen Drewermann[171] a São Francisco de Assis, que, afinal, é filho de uma família disfuncional – é parecido.

Até o pluralismo democrático, aceite agora enquanto modelo de organização política profana, acaba por suscitar incômodo. A Igreja não é um organismo político, clama-se, e, logo, não é uma democracia.[172] Se a Igreja fosse uma democracia, de vez em quando faria um referendo, o que seria ceder a um "conceito empírico e estatístico" de verdade. Cada um teria a sua verdade, o direito à sua voz (e voz alta), as quais valeriam tanto como as "do Magistério, da Revelação e da Tradição juntos – o que não sossega a noção muito católica de autoridade".[173] *A Fé e a Razão* não deixa margem para dúvidas: o pluralismo, assim entendido, gera a "desconfiança da verdade" e seria uma ameaça à integridade da doutrina. A retidão moral não é questão de maioria; a verdade não é revelada por "consenso" ou por "modas passageiras"; o barulho do *talk show* não é método de deliberação eclesiástico (cf. FR, n. 5, 75, 89, 98; EV, n. 46, 133).[174]

---

[171] Drewermann, Eugene, *Funcionários de Deus*, Mem Martins, Editorial Inquérito, 1994.

[172] O dominicano português Frei Bento Domingues acrescentou uma vez: "logo, não deve ser uma ditadura".

[173] Costa, Joaquim, "Sentido da Vida, Desespero e Transcendência", in *Revista Lusófona de Ciência das Religiões*, n. 12, 2007, p. 287-308, 300.

[174] Costa, Joaquim, "Sentido da Vida, Desespero e Transcendência", in *Revista Lusófona de Ciência das Religiões*, n. 12, 2007, p. 287-308, 300.

Não admira que o relacionamento da modernidade com a Igreja – e com outras igrejas – tenha sido tenso, muitas vezes de conflito aberto. Os regimes anticlericais na Europa, Portugal incluído, foram vários e tornaram-se proverbiais na memória coletiva. Em princípio, o anticlericalismo dirige-se ao clero e não à religião (é político e não epistemológico ou metafísico, na expressão de Rorty), mas a hostilidade à religião tem envolvido hostilidade ao clero.

Laicismo é um termo equívoco que procura solucionar o problema através da completa separação entre religião e política, entre igrejas e Estados. A laicidade, a condição de laico, tornar-se-ia a expressão pública da cidadania. Seria uma expressão necessária da secularização se entendermos esta como a privatização da religião, remetida para o foro da vida privada livre. Boa parte do azedume que tem rodeado o assunto deve-se à percepção de que o laicismo degenerou frequentemente em *ismo*, isto é, em totalitarismos que passaram da separação a práticas persecutórias da religião.

A França, com a sua *République*, é uma das grandes referências do laicismo, onde prevalece o ideal de, perante o Estado, os cidadãos serem religiosamente opacos, todos iguais e tratados na sua condição de laicos, ou seja, de não clérigos – mesmo um clérigo é visto como um cidadão, com uma atividade livre e sujeita às leis da república. A literatura de língua inglesa fala sobretudo de *secularization*, fato que origina por vezes alguma ambiguidade terminológica.

Se o Estado é alheio às opções religiosas dos cidadãos, em princípio o financiamento das atividades religiosas é privado, da responsabilidade livre dos crentes, não havendo lugar a subsídios públicos às igrejas. A realidade, porém, é mais complexa. Mesmo na França, muitas atividades não especificamente religiosas da Igreja Católica, sobretudo, são subsidiadas com dinheiros públicos: ensino, claro, mas também lares, creches etc. E, também, manutenção de locais de culto e de monumentos, com interesse histórico-patrimonial. Trata-se de financiamentos a atividades, equipamentos e patrimônio eventualmente profanos (mas confessionais) que aliviariam os recursos para a ação cultual e que, portanto, seriam subsídios indiretos a uma religião enquanto tal. O debate na França questiona precisamente a manutenção da laicidade do Estado, tanto mais que o problema alarga-se a outras religiões; por exemplo, diversas organizações judaicas também são beneficiadas com dinheiro público. E discute-se o mesmo tratamento, de igualdade, a conceder, a atividades islâmicas, muito dependentes de dinheiro estrangeiro pouco tranquilizadores para a opinião pública (sauditas, iranianos, entre outros), até porque os rendimentos médios da comunidade muçulmana são pobres.

A polêmica do véu muçulmano veio agitar a polêmica do laicismo, tal como em outros países surgiu sob motivos diversos (em Portugal foram os crucifixos em edifícios e serviços públicos). Inevitável na discussão é saber-se quem é laico – o Estado ou a sociedade, os organismos públicos ou os cidadãos livres. Um funcionário público de um Estado laico pode ou não usar com legitimidade um crucifixo ao pescoço no seu local de trabalho?

6

A Crença na Sociedade Secularizada

A ideia de secularização

Para um viajante percorrer um país *secularizado* de norte a sul significa atravessar uma cartografia muito variada em termos de sociografia religiosa. Poderá passar, no que respeita à frequência de eucaristia dominical, de valores muito baixos – inferiores a 10% – a valores altos – próximos de 50%.[175] Mas dificilmente conseguirá apreender isso sem recorrer a estatísticas de prática religiosa ou, então, postando-se à porta das igrejas e avaliando por alto os fluxos de fim de semana (no fundo, uma estatística grosseira). De resto, encontrará as mesmas pessoas, as mesmas atitudes, a mesma pressa, a mesma vida, no fundo.

[175] É o caso de Portugal, contrastado nas dioceses alentejanas (valores muito baixos) e nas minhotas (valores altos).

Isso só pode dizer que a "sociedade" – a vida social – e a religião estão separadas. Para aferir da vida social – trabalho, negócios, convívio, estudos, civismo, lazer etc. –, a religião é uma variável irrelevante.

"Eis o mistério do mundo em que vivemos: por mais religiosos que sejam os indivíduos, a sociedade que eles formam permanece ateia nos seus princípios e nos seus mecanismos" – diz Marcel Gauchet,[176] certeiro no diagnóstico sobre o que é ser religioso hoje para muita gente. "Pode-se conceber, no limite, uma sociedade [organizada] para além do religioso", escreve o mesmo autor em outra obra, "onde a fé se torna uma opção sem influência nem alcance na definição da organização coletiva".[177]

O "fim da religião", assim, não é o fim da crença religiosa e da sua importância para os indivíduos; antes, é o fim da "religião infraestrutura", ao lado da sobrevivente "religião superestrutura".[178] Em paralelo, pode-se dizer que a religião "medieval" europeia era parte das "forças produtivas". Hoje, essa concepção é impensável no *Ocidente cristão* em geral.

A formulação de Marcel Gauchet parece-me perfeita para dizer o que é a secularização. Dizer que a secularização é a perda da crença é muito pouco ou enganador. Dizê-la

---

[176] GAUCHET, Marcel, "La Religion de la Sortie de la Religion", in *Autrement*, n. 75, décembre, 1985, p. 12-17, 12.

[177] GAUCHET, Marcel, *Le Désenchantement du Monde; une Histoire Politique de la Religion*, Gallimard, 1997, p. 133, 235.

[178] GAUCHET, Marcel, *Le Désenchantement du Monde; une Histoire Politique de la Religion*, Gallimard, 1997, p. 236.

como a perda de "força" ou de "influência" da religião é dizê-la ao encontro do dizer de Gauchet. Quando a crença, mesmo viva, "torna-se uma opção sem influência nem alcance na definição da organização coletiva", é uma crença sem "influência".

A expressão "indivíduos crentes, sociedade ateia" talvez peque por pouco rigor. Frei Bento Domingues[179] esclarece que não foi apenas a religião de Estado que desabou; foi também o ateísmo de Estado. De prescrita ou proscrita passou a irrelevante para efeitos de organização social. Portanto, prefiro agnosticismo social: "indivíduos crentes, sociedade agnóstica" (ou a-religiosa).[180]

Yves Congar, clérigo, queixava-se nos anos 30 do século passado: tínhamos uma religião sem mundo e temos um mundo sem religião. Corrijo: "Temos as duas coisas ao mesmo tempo, isto é, um mundo sem religião e uma religião sem mundo".[181] E, antes, talvez tivéssemos duas coisas ao mesmo tempo: uma religião com mundo e um mundo com religião.

A tese do "fim da religião" gauchetiano, da "saída da organização religiosa do mundo", é partilhada por muitos outros autores. Hervieu-Léger, com Françoise Champion, por exemplo, assim a diz: instauração do pluralismo religio-

---

[179] DOMINGUES, Bento, "Crença, Descrença e Fé Cristã", *Cadernos ISTA*, 7, 1999, 5-17, 13.

[180] Cf. COSTA, Joaquim, *Sociologia dos Novos Movimentos Eclesiais – focolares, carismáticos e neocatecumenais em Braga*, Porto, Afrontamento, 2006, p. 22.

[181] COSTA, Joaquim, *Sociologia dos Novos Movimentos Eclesiais – focolares, carismáticos e neocatecumenais em Braga*, Porto, Afrontamento, 2006, p. 22.

so como opção da vida privada, enquanto a vida coletiva se vai fazendo sem critérios religiosos.[182] Também Steve Bruce e Brian Wilson adotam este conceito.[183]

Isso implica várias conclusões. A primeira é a de que, nas sociedades secularizadas, a pertença religiosa tende a ser uma variável pouco ou nada relevante para o estatuto social (ou só profissional) dos indivíduos. E o sacerdócio deixa de ser um canal privilegiado de ascensão social – talvez até seja desqualificado.[184] É isto a secularização no seu esplendor: o mundo (a vida no mundo) torna-se a-religioso, sujeito ao poder secular, independentemente de intromissões teocráticas. Doravante, a religião só deve intervir na vida pública ou na política se convertida em ideologia, em valores sociais.

Como resultado, as instituições religiosas localizam-se num só lado deste universo partido, "esquizofrênico". Tornam-se espaços de heterotopia, conceito tomado de empréstimo (e adaptado) a Michel Foucault por Filomena Silvano:[185] "são organizadas por normas precisas, válidas apenas no seu interior e capazes de gerir as relações sociais aí desenvolvidas". São "utopias efetivamente realizadas",

---

[182] HERVIEU-LÉGER, Danièle, CHAMPION, Françoise, *Vers un Nouveau Christianisme?*, Paris, CERF, 1986, p. 279, 280.

[183] BRUCE, Steve, *Religion and Modernization; Sociologists and Historians Debate de Secularization Thesis*, Oxford, Clarendon Press, 1992, p. 11. WILSON, Brian, "The Debate over 'secularization': Religion, Society & Faith", *Encounter*, XLV (4), October, 1975, p. 77-84, 80.

[184] Cf. COSTA, Joaquim, *Sociologia dos Novos Movimentos Eclesiais – focolares, carismáticos e neocatecumenais em Braga*, Porto, Afrontamento, 2006, p. 29.

[185] SILVANO, Filomena, *Territórios da Identidade; Representações do Espaço em Guimarães, Vizela e Santa Eulália*, Oeiras, Celta, 1997, p. 131.

desconcertantes, metamorfoseantes.[186] Têm uma alternativa: "intrometer-se" no espaço público, laico, e tornar-se "fundamentalistas", "teocráticas" etc.

A separação heterotópica alterou o relacionamento entre sagrado e profano da cultura pré-secular, que era de oposição conceitual, mas também de contaminação iminente. A vida secular era de pecado; o profano podia profanar o sagrado. A guerra e a paz faziam-se por motivos políticos e/ou religiosos. A religião era do Estado e o Estado era da religião. O braço secular executava os condenados que o religioso lhe entregava. Um crime de lesa-majestade era também uma ofensa a Deus. Havia ordens religioso-militares. Havia superstições religiosas que guiavam a conduta diária. Ou seja, a "sociedade religiosa" não era mais "santa" do que a secularizada – era mais religiosa.

Brian Wilson é taxativo: no mundo dos nossos antepassados europeus, "todos" eram crentes e o cristianismo era a explicação da vida. O mundo, daquele lado do planeta, era cristão. Wallis e Bruce admitem que se pode exagerar o papel da religião no passado, mas não têm dúvidas: mais gente era influenciada do que hoje por crenças religiosas e por seu significado social.[187] "O cenário de ritos propicia-

---

[186] Foucault, Michel, "Des Espaces Outres", id., *Dits et Écrits*, Paris, Gallimard, vol. 4, 2001, p. 752-762.

[187] Wallis, Roy, Bruce, Steve, "Secularization: the Orthodox Model", Bruce, S. (ed.), *Religion and Modernization: Sociologists and Historians Debate the Secularization Thesis*, Oxford, Clarendon Press, 1992, p. 8-30. Wilson, Brian, "The Debate over 'secularization': Religion, Society & Faith", *Encounter*, XLV (4), October, 1975, p. 77-84, 78-79.

tórios, alienação de primícias, cultos telúricos 'pagãos' ou 'cristianizados' etc., parece-nos de outro tempo."[188]

Sabemos que à época a santidade era pouca, pelo menos para os nossos padrões. A descrição de Jean Delumeau[189] não é simpática para o baixo clero medieval: bêbedo, boçal, semi-iletrado, amancebado, composto de funcionários itinerantes a soldo. O alto clero, de onde saiu muito santo elevado aos altares, tampouco nos soa a modelo: em mancebias não se ficava atrás dos párocos e os seus compromissos com a aristocracia não parecem muito santos nem próprios da pacatez evangélica. Quanto aos leigos – à massa dos leigos – os relatos são de "miséria espiritual".

Sironneau detecta aí o grande ímpeto da Reforma Protestante: projeto de cristianização de massas descristianizadas por um clero desbragado. A Contrarreforma teria sido, então, um projeto concorrente de recristianização. Segundo René Rémond, a ideia de que nós fomos "descristianizando" ao longo dos últimos séculos é falsa e existe exatamente porque nos tornamos mais cristãos, mais exigentes na "qualidade da fé".[190] Afinal, talvez não sejamos tão pouco cristãos quanto imaginamos; talvez a secularização não tenha sido tão avassaladora quanto por vezes nos parece.

---

[188] Costa, Joaquim, *Sociologia dos Novos Movimentos Eclesiais – focolares, carismáticos e neocatecumenais em Braga*, Porto, Afrontamento, 2006, p. 30.

[189] Delumeau, Jean, *Le Catholicisme entre Luther et Voltaire*, Paris, P.U.F., 1992.

[190] Cf. Sironneau, Jean-Pierre, *Sécularisation et Religions Politiques*, Paris/New York, Mouton Éditeur/La Haye, 1982, p. 140-141, 152.

Nessa hipótese, a separação heterotópica pode ser uma necessidade para nos permitir conciliar duas exigências inconciliáveis: vida profissional competitiva/predadora e vida religiosa "autêntica", afinal duas exigências crescentes, inconciliáveis e imiscíveis.

A tese da descristianização popularizou-se – é paralela à da *des-valorização* ("já não há valores" etc.) – e clericalizou-se (o clero a adotou). E chegamos a um paradoxo exposto por Sironneau: a nossa cultura é, a um tempo, insuficientemente cristã e demasiado cristã.[191] É insuficientemente cristã para as exigências modernas de "qualidade" e autenticidade. É demasiado cristã para ser esquecida pelo cristianismo e pela Igreja Católica (a nossa civilização é de matriz cristã), a qual por vezes reivindica estatuto "compatível" (tanto mais reivindicado em certos meios quanto mais se percebe que esse estatuto se perdeu). No fim de contas, persiste a sensação de que o cristianismo deixou de ser a nossa cultura comum ou, pelo menos, de que passou a defensivo.[192]

[191] SIRONNEAU, Jean-Pierre, *Sécularisation et Religions Politiques*, Paris/New York, Mouton Éditeur/La Haye, 1982, p. 118-119.

[192] Sobre este último parágrafo, v. Costa, 2006, p. 31; Domingues, 1999, p. 10; Hervieu-Léger, 1986, p. 59, 60.

Os fatores de secularização

Gabriel Le Bras tornou famoso o camponês bretão, que deixa a sua aldeia, vai para Paris e deixa de ir à missa porque deixou a aldeia e foi para Paris. Entretanto, nos regressos sazonais à aldeia, volta a ir à missa dominical.

O camponês é elucidativo por várias razões. Primeira: a perda de um certo tipo de controle social de proximidade, de pressão vicinal, de condenação comunitária, de repreensão do púlpito e do mimetismo integrador. Trata-se de um processo de societalização, de passagem da escala comunitária à societal.

A segunda diz respeito à diferenciação social, visível na fragmentação de condições sociais urbanas. A ideia de uma única moral para todos perde plausibilidade.

Temos acima um par de fatores estruturais poderosos, que Brian Wilson considerava mais secularizadores do que os programas de re-educação política e doutrinária, pouco eficazes no Leste europeu.[193] São preocupantes para as igrejas estabelecidas precisamente porque não são intencionais. Vão existindo sem se dar por eles, como um modo de vida.

A terceira razão para a eloquência do camponês migrado é a evidência de que, fora da pressão aldeã, a religião torna-se-lhe coisa opcional e privada; deixa de ser prática conformista. Em meio anticlerical, implica uma decisão firme, resultado de reflexão engajada.

---

[193] Wilson, Brian, "The Debate over 'secularization': Religion, Society & Faith", *Encounter*, XLV (4), October, 1975, p. 77-84.

É assim que a *cidade* nos surge com duas imagens opostas face à religião: a de *destruidora* e a de *regeneradora*. Ambas fazem sentido. Se existem aqueles fatores estruturais vistos atrás, existe a constatação de Le Bras de que o ímpeto missionário, as novas pastorais, os novos movimentos, as conversões, vêm dos aglomerados urbanos.[194] Vêm da firmeza para vencer a hostilidade ou a indiferença. Vêm do estímulo que é a necessidade de escolher, por vezes dentro da mesma confissão religiosa.

Em meio urbano, ganha evidência o fenômeno das paróquias afinitárias: a oferta de serviços religiosos da mesma confissão e geograficamente vizinhos – por exemplo, a missa – obriga a escolher um deles (concorrentes entre si), ao contrário do monopólio tradicional da paróquia territorial. E, assim, acentua-se o caráter convivial da paróquia.

A mobilidade física atual alimenta o cenário. As famílias com duas residências – semana e fim de semana – a que paróquia pertencem? E as famílias dos subúrbios que aproveitam o domingo para irem ao ofício religioso do centro? Podemos adicionar às interrogações os colégios confessionais que disponibilizam serviços religiosos aos seus alunos. É comum, neste contexto, surgirem conflitos de tutela interparoquiais, ou seja, dentro da mesma igreja.

---

[194] V. Costa, Joaquim, *Sociologia dos Novos Movimentos Eclesiais – focolares, carismáticos e neocatecumenais em Braga*, Porto, Afrontamento, 2006, p. 34-36. Mallimaci, Fortunato, "La Diversité Religeuse dans la Cité Global: Hétérogénéité Institutionelle et Individualisation du Croire", *Social Compass*, 45(1), 1998, p. 57-63. 57. Mendras, Henri, *Princípios de Sociologia: Uma Iniciação à Análise Sociológica*, Rio de Janeiro, Zahar, 1978, p. 149.

Há algumas décadas, Brian Wilson dizia que "o mundo moderno tem um supermercado de fés"[195] – autóctones, importadas, exóticas, inovadoras, restauracionistas, pessoais etc. Numa sociedade *religiosa tradicional*, esse leque alargado dificilmente apareceria e, se esboçasse irrupção, dificilmente sobreviveria sob o peso de uma igreja hegemônica. Numa sociedade pluralista, a questão é diferente. Se esta sociedade for *mediática*, com onipresença dos *mass media*, reflexivizada e globalizada, "é normal que o proselitismo e os apelos à conversão se sucedam, usem os meios de comunicação de massas e instalem um ambiente de emulação entre credos".[196] A própria expressão "de massas" levanta interrogações, pois sugere uma indiferenciação niveladora que trai a ideia de diferenciação subjacente à pluralidade. Autores "alternativo-políticos" como Antonio Negri e Michael Hardt preferem o uso da palavra *multidão*.

"(...) os movimentos católicos também usam a comunicação de massas, respondem ao proselitismo praticando proselitismo, colocam novas ofertas no mercado, dispõem de grupos emocionalistas e de curas, proporcionam o 'sagrado de conforto' da experiência vivida como 'pura experiência psicológica' atenta à vida imediata de cada um (e não vocacionada para o perscrutar do sentido global do mundo). Se, como diz Brian Wilson, as novas religiões 'propõem uma via mais segura, mais curta ou mais clara

[195] Wilson, Brian, "The Debate over 'secularization': Religion, Society & Faith", *Encounter*, XLV (4), October, 1975, p. 77-84, 80.

[196] Costa, Joaquim, *Sociologia dos Novos Movimentos Eclesiais – focolares, carismáticos e neocatecumenais em Braga*, Porto, Afrontamento, 2006, p. 36.

para a salvação', então algumas organizações católicas também acabarão por propô-la. O supermercado de fés funciona assim."[197] Digamos que existe uma fórmula: pluralidade social – pluralidade de religiões – pluralidade de movimentos de uma religião – pluralidade de variantes no interior de alguns movimentos.

Em 1998, numa assembleia de aniversário da Renovação Carismática Católica em Portugal, o padre Jonas Abib, brasileiro em terras relativamente conservadoras, exultou: "Jesus hoje converte mais depressa do que antigamente porque hoje a vida é mais rápida". "É essa a metodologia usada por Cristo hoje", acrescentou, e rematou: "oxalá os padres a percebam". Podemos voltar a Brian Wilson: espontaneidade, imediatismo, egogratificação e desconfiança dos processos "intelectuais" – eis características comuns à cultura *pop* e à "nova religião".[198]

Não esqueçamos, porém, o reparo feito acima, a propósito da diversidade e da provável inadequação do termo "massas". Se não quisermos "massificar" a diversidade e subsumi-la numa categoria cômoda, será fácil compreendermos a emergência de movimentos religiosos de cariz avesso ao pluralismo: intolerantes, integristas, fundamentalistas, anti-hedonistas, austeros, antipluralistas e, claro, antilaicistas.

---

[197] COSTA, Joaquim, *Sociologia dos Novos Movimentos Eclesiais – focolares, carismáticos e neocatecumenais em Braga*, Porto, Afrontamento, 2006, p. 73-74.

[198] WILSON, Brian, "The Debate over 'secularization': Religion, Society & Faith", *Encounter*, XLV (4), October, 1975, p. 77-84, 82.

Conclusão

Chego agora a um ponto ingrato deste livro: escrever uma conclusão de um texto introdutório. Com demasiada frequência, as conclusões são resumos que sumariam as páginas anteriores – ou seja, não acrescentam nada.

O problema é maior quando o que se pretende concluir é obra sociológica. Isso acontece por diversas razões. A primeira é a grande dispersão teórica da disciplina, alimentada por sua permeabilidade a quizilas ideológicas. O que poderia ser um fator de enriquecimento torna-se fator de desmembramento, quando não de diluição do objeto de estudo.

É confrangedor por vezes constatar esta diluição do objeto (teórico e empírico) sociológico. Há frases que se repetem e são elucidativas. Por exemplo, "a decisão do Governo terá graves consequências econômicas, demográficas, ambientais e sociais". O "social" é, aqui, meramente residual, servindo para nomear o que já não se consegue designar propriamente, com alvará de suserania legítima e clara.

A situação agudiza-se com a enorme dispersão das pesquisas em demanda de seus nichos no mercado, de modo a obterem recursos financeiros, e que, por via disso, acabam por decantar numa aridez teórica motivada pelo excesso de "empiria" desencontrada. A caução pós-moderna à desconstrução de fronteiras convencionais, podendo ser estimulante, aumenta, porém, o desconforto do "desaparecimento do objeto": *cultural studies*, *gender studies* etc. viram do avesso a tradicional delimitação de competências dos departamentos universitários, além de refletirem a concorrência interna pelo mercado de ensino.

No caso da religião, as ambiguidades não são diferentes. Sociologia das religiões, ciências sociais das religiões, fenomenologia religiosa etc. – eis lista apressada de uma indefinição que só tem solução eclética.

Para este livro escolhi uma orientação bourdieuana: sociologia das religiões é o que fazem aqueles que são reconhecidos como sociólogos das religiões. E segui juízo salomônico ao dividir o texto em dois segmentos: um dedicado aos clássicos, outro aos temas em debate nos nossos dias.

A escolha de cinco clássicos é arbitrária, mas criteriosa. Dois – Marx e Engels – do século XIX; dois – Durkheim e Weber – de transição do século XIX para o XX; um – Bourdieu – da transição do século XX para o XXI, sendo, portanto, nosso contemporâneo.

Mas, além disso, os quatro primeiros são matriciais de toda a sociologia posterior: materialismo histórico, funcionalismo e sociologia compreensiva têm neles a sua ossatura, mesmo que o esqueçam. Cotidianamente o fazemos: radicar formas religiosas em "interesses" ou em condições de existência, explicar filiações religiosas pela dimensão integradora da pertença, interpretar conversões devotíssimas como refrigério de aflições insuportáveis, destacar o peso da burocracia eclesiástica ao lado da sua míngua carismática, compreender que um "profeta" atua como que possuído por mandato divino, perceber como alguém concilia preceitos evangélicos e riqueza, ter a percepção da luta política em termos religiosos. Todas estas operações mentais foram sistematizadas pelo trio (ou quarteto) Marx (e Engels), Durkheim e Weber.

Bourdieu, o mais recente, com obra extensa e variada, além de ter trabalhado as fontes clássicas – sobretudo Marx e Weber – doou contribuição original ao equacionar o campo religioso em termos de autoridade legítima, num mercado agonístico e sob constante violência simbólica.

A persistência da religião no nosso tempo tem fascinado os sociólogos. Séculos de "racionalização" e "modernização" revelaram-na teimosa, às vezes com fluxos de esmorecimento logo seguidos de refluxos atávicos.

O que a uns repele a outros atrai. O que parece atrair os estudiosos da religião é o que deixa perplexos os ateus militantes (alguns deles estudiosos): o seu caráter irracional. A religião é o reduto da crença inamovível, resistente ao teste empírico e, por vezes, à simples lógica. Além disso, é gregária, até mesmo quando o grupo é fonte de desgosto. E é "efervescente", não necessitando de ser exuberante.

Ritualiza, repete fórmulas, exulta com palavras de ordem/combate, canta. Ora, ninguém debate racional e serenamente um tema importante gritando palavras de ordem e entoando cânticos. Religião não é ciência, filosofia, nem sequer teologia. Uma liturgia não é um colóquio.

Não surpreende que Marx, Engels, Durkheim, Bourdieu e, de certa maneira, Weber (todos os nossos clássicos) recorram à imagem da religião como transfiguração, ou seja, como ilusão. Essa ilusão tanto pode ser grosseira (alienação, em Marx e Engels) como intermediação simbólica indispensável para aceder a significados num mundo não transparente (em Weber). Em Bourdieu, é a transfiguração que dissimula (e torna suportável) a arbitrariedade do mundo.

Em Durkheim, é dessa transfiguração que se faz sociedade. Sem ela, não existe grupo. No âmago da sociabilidade, a sacralização é coisa coletiva, não individual. Ninguém é religioso sozinho, ninguém é social sozinho, resume o grande autor. A transfiguração pode ser bem humana, considerava ele a propósito da *religião da humanidade*, hoje visível em humanismos não crentes, mas que, sob aquela perspectiva, expressam a infinita capacidade humana para criar novos deuses, entidades, conceitos cuja violação equivale a profanação escandalosa.

O indivíduo dos "direitos humanos" é hoje a face de um novo sagrado. A ponto de o opormos, com direito de precedência, à "instituição", na sequência de propriedades modernas vistas atrás: individualismo moral, liberdade de consciência, desgaste do princípio de autoridade etc.

Trata-se de uma tensão bem moderna: entre o indivíduo enquanto instância axiológica última e a instituição enquanto instância de reprodução, sem a qual nenhum valor, perduraria – nem indivíduo, nem amor.

É o que diz Régis Debray: sem a "igreja", instituição pesada por excelência, o Cristo do amor não teria atravessado dois milênios e chegado a nós em versão libertária; e não chegará aos vindouros se não for, de uma maneira ou de outra, institucionalizado.

Moderna, pós-moderna ou pré-modernamente, a religião transporta em si um colossal truísmo: contém algo de sagrado, um núcleo que nos paralisa no respeito.

Esse núcleo pode ser a pompa majestática. Pode ser a devoção absoluta do crente a uma causa e, no limite, ao sacrifício pessoal ou alheio.

Hoje, o primeiro exemplo pode parecer, pelo menos a alguns de nós, como estando à beira do ridículo. O segundo, como perigosamente, à beira do sinistro.

Há, todavia, outro gênero de núcleo na religiosidade não risível nem aterrorizador: a doação de si em ato de amor incondicional ao próximo. Nunca nos rimos, nunca nos escandalizamos (a não ser conosco mesmos), perante alguém que lava as chagas de um miserável nas ruas mais sórdidas das nossas cidades. Tanto faz, para o efeito, que o gesto se faça em nome de Deus ou do Homem.

A sociologia não pode negligenciar fenômenos como este. O pensamento contemporâneo os debate. Nomes de crentes e não crentes, como Vattimo, Rorty, Ferry ou Comte-Sponville, concordam com a urgência do debate, mesmo que não tenha fins humanistas.

Tampouco pode a sociologia deixar de lado as outras duas dimensões religiosas, contidas, às vezes com exuberância e estrondo, nas religiosidades contemporâneas.

Bibliografia

ARENDT, Hannah. "Religion et Politique", *id.*, *La Nature du Totalitarisme*, Paris, Payot, 1996, p. 139-168.

ARON, Raymond. *As Etapas do Pensamento Sociológico*, São Paulo, Martins Fontes, 1987.

BOURDIEU, Pierre. "Apêndice I: Uma Interpretação da Teoria da Religião de Max Weber", *id.*, *A Economia das Trocas Simbólicas*, São Paulo, Perspectiva: 1987ª, p. 79-98.

BOURDIEU, Pierre. "Le Champ Scientifique", in *Actes de la Recherche en Sciences Sociales*, n. 2/3, juin, 1976, p. 88-104 (trad. bras.: "O Campo Científico", Ortiz, Renato (org.), *Pierre Bourdieu*, São Paulo, Ática, 1983, p. 122-155).

BOURDIEU, Pierre. "Gênese e Estrutura do Campo Religioso", *id.*, *A Economia das Trocas Simbólicas*, São Paulo, Perspectiva, 1987, p. 27-78.

BOURDIEU, Pierre. "Quelques Propriétés des Champs", *id.*, *Questions de Sociologie*, Paris, Les Éditions de Minuit, 1988, p. 113-120.

BOURDIEU, P., CHAMBOREDON, J.-C., PASSERON, J.-C. *Le Métier de Sociologue*, Paris, Mouton, 1983.

BRUCE, Steve. *Religion and Modernization; Sociologists and Historians Debate de Secularization Thesis*, Oxford, Clarendon Press, 1992.

COMTE-SPONVILLE, André, FERRY, Luc. *A Sabedoria dos Modernos: Dez Questões para o Nosso Tempo*, Lisboa, Instituto Piaget, 2000.

COSTA, Joaquim. *Sociologia dos Novos Movimentos Eclesiais- focolares, carismáticos e neocatecumenais em Braga*, Porto, Afrontamento, 2006.

COSTA, Joaquim. "Sentido da Vida, Desespero e Transcendência", in *Revista Lusófona de Ciência das Religiões*, n. 12, p. 287-308.

DELUMEAU, Jean. *Le Catholicisme entre Luther et Voltaire*, Paris, P.U.F., 1992.

DESCARTES. *Discurso do Método*, Mem Martins, Europa-América, 1977.

DOMINGUES, Bento. 1999, "Crença, Descrença e Fé Cristã", *Cadernos ISTA*, 1999, 7: 5-17.

DREWERMANN, Eugene. *Funcionários de Deus*, Mem Martins, Editorial Inquérito, 1994.

DURKHEIM, Émile. *As Regras do Método Sociológico*, São Paulo, Companhia Editora Nacional, 1960.

DURKHEIM, Émile. *Les Formes Élémentaires de la vie religieuse*, Paris, P.U.F., 1994.

ENGELS, Friedrich. *Anti-Dühring*, Lisboa, Dinalivro, 1976.

ENGELS, Friedrich. "La Guerre des Paysans", MARX, Karl e ENGELS, Friedrich. *Sur la Religion*, Paris, Éditions Sociales, 1968, p. 91-112 (disponível em http://classiques.uqac.ca/classiques/).

ENGELS, Friedrich. *Socialisme Utopique et Socialisme Scientifique*, Paris, Éditions Sociales, 1973.

FERRY, Luc. *L'Homme-Dieu ou le Sens de la Vie*, Paris, Grasset, 1996.

Foucault, Michel. "Des Espaces Outres", *id.*, *Dits et Écrits*, Paris, Gallimard, vol. 4, 2001, p. 752-762.

Freund, Julien. *Sociologie de Max Weber*, Paris, P.U.F., 1968.

Gauchet, Marcel. "La Religion de la Sortie de la Religion", in *Autrement*, n. 75, décembre, 1985, p. 12-17.

Gauchet, Marcel. *Le Désenchantement du Monde; une Histoire Politique de la Religion*, Gallimard, 1997.

Giddens, Anthony. *As Consequências da Modernidade*, Oeiras, Celta, 1992.

Glock, Charles Y. "Y a-t-il un Réveil Religieux aux États-Unis?", in Boudon, Raymond, Lazarsfeld, Paul (dir.), *Le Vocabulaire des Sciences Sociales*, La Haye/Paris, Mouton, 1971, p. 49-68.

Hervieu-Léger, Danièle. *La Religion pour Memoire*, Paris, CERF, 1993.

Hervieu-Léger, Danièle, Champion, Françoise. *Vers un Nouveau Christianisme?*, Paris, CERF, 1986.

João Paulo II. *Carta Encíclica "O Esplendor da Verdade"*. Edição consultada: Braga: Editorial A.O., 6 de agosto de 1993 (referida no texto como *EV*).

João Paulo II. *Carta Encíclica "A Fé e a Razão"*. Edição consultada: Lisboa: Paulinas, 14 de setembro de 1998 (referida no texto como *FR*).

Küng, Hans. *El Cristianismo – esencia e historia*, Madrid, Trotta, 2007.

Löwy, Michael. "Karl Marx et Friedrich Engels comme Sociologues de la Religions", in *Archives de Sciences Sociales des Religions*, n. 89 (janvier-mars), 1995, p. 41-52.

LUKES, Steve. *Émile Durkheim – su vida y su obra*, Madrid, Centro de Investigaciones Sociologicas/Siglo XXI de España Editores S.A., 1984.

MALLIMACI, Fortunato. "La Diversité Religeuse dans la Cité Global: Heterogeneite Institutionelle et Individualisation du Croire", in *Social Compass*, 1998, 45(1): 57-63.

MANN, Thomas. *A Montanha Mágica*, Lisboa, Livros do Brasil.

MARX, Karl. *O Capital*, Livro Primeiro, Tomo I, Lisboa/ Moscovo, Editorial "Avante!"/ Edições Progresso, 1990.

MARX, Karl. *O Capital*, Livro Primeiro, Tomo III, Lisboa/ Moscovo, Editorial "Avante!"/ Edições Progresso, 1997.

MARX, Karl, ENGELS, Friedrich. *A Ideologia Alemã* (vol. I), Lisboa, Presença/Martins Fontes, 1975.

MENDRAS, Henri. *Princípios de Sociologia: Uma Iniciação à Análise Sociológica*, Rio de Janeiro, Zahar, 1978.

POPPER, Karl. *A Pobreza do Historicismo*, Lisboa, Esfera do Caos, 2007.

PRADES, José A. "Religion Civil et Religion de l'Humanité: Retour Sur l' Anthropocentrisme Durkheimien", in *Social Compas*, 1993, n. 40(3), p. 415-427.

RORTY, R., VATTIMO, G., ZABALA, S. *O Futuro da Religião*, Coimbra, Angelus Novus, 2006.

SAVATER, Fernando, *Os Dez Mandamentos no Século XXI*, Lisboa, Dom Quixote, 2004.

SILVANO, Filomena. *Territórios da Identidade; Representações do Espaço em Guimarães, Vizela e Santa Eulália*, Oeiras, Celta, 1997.

Sironneau, Jean-Pierre. *Sécularisation et Religions Politiques*, Paris/New York, Mouton Éditeur/La Haye, 1982.

Stark, Rodney, Bainbridge, William S. "Towards a Theory of Religion: Religious Commitment", in *Journal for the Scentific Study of Religion*, 1980, n. 19 (2), june: 114-128.

Steiner, George. *No Castelo do Barba Azul – algumas notas para a redefinição da cultura*, Lisboa, Relógio d'Água, 1992.

Steiner, George. *Errata: Revisões de uma Vida*, Lisboa, Relógio d'Água, 2001.

Teixeira, Alfredo. *Entre a Exigência e a Ternura – uma antropologia do habitat institucional católico*, Lisboa, Paulinas, 2005.

Wallis, Roy, Bruce, Steve. "Secularization: the Orthodox Model", Bruce, S. (ed.), *Religion and Modernization: Sociologists and Historians Debate the Secularization Thesis*, Oxford, Clarendon Press, 1992, p. 8-30.

Vallet, Odon. *Pequeno Livro das Ideias Falsas sobre as Religiões*, Cruz Quebrada, Estrela Polar, 2006.

Wilson, Brian. "The Debate over 'secularization': Religion, Society & Faith", in *Encounter*, XLV (4), October, 1975, p. 77-84.

Weber, Max. *Economia y Sociedad*, México, Fondo de Cultura Económica, 1983.

Weber, Max. *A Ética Protestante e o Espírito do Capitalismo*, Lisboa, Presença, 1983[a].

